英语翻译与英语教学研究

杨静文　曹晋芳　夏　璇◎著

中国出版集团　现代出版社

图书在版编目（CIP）数据

英语翻译与英语教学研究 / 杨静文，曹晋芳，夏璇
著. -- 北京 ：现代出版社，2023.11
ISBN 978-7-5231-0635-8

Ⅰ．①英… Ⅱ．①杨… ②曹… ③夏… Ⅲ．①英语－
翻译－教学研究 Ⅳ．①H315.9

中国国家版本馆CIP数据核字(2023)第211165号

英语翻译与英语教学研究

作　　者	杨静文　曹晋芳　夏　璇	
责任编辑	毕椿岚	
封面设计	金熙智博	
出版发行	现代出版社	
地　　址	北京市朝阳区安外安华里504号	
邮　　编	100011	
电　　话	010-64267325　64245264(传真)	
网　　址	www.1980xd.com	
印　　刷	北京建宏印刷有限公司	
版　　次	2023 年 11月第1版　2023年11月第1次印刷	
开　　本	185 mm×260 mm　1/16	
印　　张	11	
字　　数	260 千字	
书　　号	ISBN 978-7-5231-0635-8	
定　　价	78.00 元	

前　言

　　翻译有利于各个国家间的沟通，是促进经济、文化、科技交流的重要方式，也是学习英语的有效途径，同时也是探讨两种语言对应关系的一门学科。英语翻译作为英语发展的基础，具有较强的综合性，既有坚实的理论体系，也有丰富的实践内涵。因此，具备较强的翻译技能一直是学生学习英语的主要目标。另外，英语是一门语言学，同时也是全国高校普遍开设的语言类基础课程。大学英语技能是通过学生个人的学习实践获得的，大学阶段的学生已经具备一定的英语实践能力和意识，他们能够通过自己的英语思想展开相应的交流。因此，大学英语教学不仅要培养学生的听、说、读、写等基本语言技能，而且要培养他们的英语实际运用能力。在教学工作中，如何有效地开展英语教学工作，完善英语课程建设，培养高素质的人才，是英语教学要思考的问题。

　　鉴于此，笔者撰写了《英语翻译与英语教学研究》一书，全书在内容编排上共设置了两篇：第一篇为英语翻译研究，内容涵盖英语翻译及语言层次、英语翻译的具体方法、英语的实用翻译教学；第二篇为英语教学研究，内容囊括英语教学的思维构建、英语教学的核心体系、英语教学的维度研究。

　　全书结构科学、论述清晰，以英语翻译的基本理论为开篇，分别对英语翻译课程与英语教学思维等内容进行相关阐述，力求达到理论与实践相结合，让读者在学习基本方法和理论的同时，注重学生阅读能力的培养，以达到提高能力、提升素质的目的。

　　笔者在撰写本书的过程中，得到了许多专家学者的帮助和指导，在此表示诚挚的谢意。由于笔者水平有限、时间仓促，加之英语翻译与教学研究的不断发展，书中难免会有错误和疏漏之处，还望各位专家、读者批评指正。

目　录

第一篇　英语翻译研究

第一章　英语翻译及语言层次

第一节　英语翻译的原则

"英语教学的任务是提高学生的听、说、读、写、译的综合能力。在不同的阶段完成相应的教学任务，并完成学生的培养任务，翻译作为英语必备的技能之一，越来越得到认可。"[①] 英语翻译中，我们需要遵循以下原则。

一、以源语为导向的英语翻译原则

以源语为导向的翻译原则要求译文对原文的忠实，不仅体现在思想内容和文体风格上，也体现在形式对应上，唯恐译文失真、走调，主张采取直译法（literal translation），包括音译法（transliteration），或保留异国情调、原汁原味的异化翻译（foreignized translation），有时甚至是逐词逐句的死译（dead translation），如将"小心坠河"译为careflully fall into the river 等。

二、以译语为导向的英语翻译原则

以译语为导向的翻译原则要求以译语的语言文字规范为准绳，以译文读者的品位为目标，主张采取意译（free translation）或归化翻译（domesticated translation），如将中文成语

[①]　王广秀. 浅谈大学英语翻译教学策略［J］. 海外英语（上），2021（10）：212.

"三个臭皮匠，顶个诸葛亮"译为 Two heads are better than one 或 Three blacksmiths make Solomon。以源语为导向的翻译原则和以译语为导向的翻译原则流传到今天就是所谓"直译"和"意译"。直译和意译作为两种翻译方法都有存在的价值，前者多用于科学翻译，后者常见于文学翻译。但如果将其中任何一个视为指导翻译实践的唯一原则，显然失之偏颇，有时可能从一个极端走向另一个极端。因此，译者应视翻译目的、译文和原文的文化强弱对比、译语受众及接受环境等多种因素来决定采用以源语还是以译语为导向的翻译原则。

三、以作者和读者为导向的英语翻译原则

以作者和读者为导向的翻译原则不仅应该结合原文主要表达的目的和思想，而且还应该结合阅读者的要求，在翻译的过程中确保两者相互选择，尽可能满足对方的要求，这种原则来源于泰特勒所创建的"翻译三原则"。泰特勒是英国著名翻译家，我国翻译学者非常赞同这种原则，尤其以严复及鲁迅等著名翻译家为代表，玄奘指出翻译既需要和源语真实贴切，又需要通俗易懂；严复提出"信、达、雅"；鲁迅指出翻译不仅要保留原作特色，还要使读者容易理解。刘重德指出新三字原则，分别是"信、达、切"，"信"是忠于原文，"达"的意思是表达得真实准确，"切"是保留原作的特色。事实上，新三字原则带有质疑性地传承了严复的观点与原则。

第二节 英语的词汇翻译

一、英语词汇翻译的类别

句子和篇章都是由词汇组成的，要做好翻译，必须重视词汇的翻译。"英语和汉语有着大致相同的词类，实词中都有名词、动词、形容词、副词、代词、数词，虚词中都有介词和连词。"① 所不同的是英语中有冠词，而汉语中有量词和语气词。

（一）名词翻译

英汉名词特点基本相同，都表示人、地方和事物的名称，但英语倾向于运用名词来表达某些在汉语中常以动词表达的概念。因此，就词类而言，英语中以名词占优势，即英语倾向于多用名词。

---

① 金朋苏. 大学英语翻译理论与实践 [M]. 武汉：华中科技大学出版社，2009：102.

1. 专有名词的翻译

专有名词是指人名、地名、机构团体名和其他具有特殊含义的名词或名词词组。

（1）英汉的人名

第一，英汉姓名的顺序差异。汉语先说姓后说名，如：李四光，"李"是姓，"四光"是名。而英语反之，即先说名后说姓。如：Benjamin Franklin，Benjamin 是名，Franklin 是姓。

第二，英汉姓名的组成差异。汉语人名是由"姓+名"构成，其中姓有单姓和复姓，名也有单名和双名，如：诸葛孔明，"诸葛"是复姓，"孔明"是双名；司马光，"司马"是复姓，"光"是单名；陈景明，"陈"是单姓，"景明"是双名；田汉，"田"是单姓，"汉"是单名。英语中第二个名即中间名，是教名，由牧师命之。习惯上欧美人都有两个名，但第二个名很少用，常常只写首字母或省略。

第三，人名的翻译原则：①名从主人。名从主人原则是指在翻译人名时，要以该人名所在国的语言发音为准，不能从其他文字转译。也就是译英国人名时要以英语的音为准，译中国人名要以汉语的音为准，译法国人名要以法语的音为准，即是哪个国家的人名，就以哪国的音为准。如：John 约翰；李明 Li Ming。②约定俗成。约定俗成原则是指有些人名在长期的翻译实践中已经有了固定的译法，已为世人所公认，一般不轻易改变，即使译名不够妥帖。在以往的翻译中不乏这样的例子，如：英国作家 George Bernard Shaw 应该译为"乔治·伯纳德·萧"，但是过去一直被译为"萧伯纳"，这个中国化了的译名一直沿用下来。再如英国作家柯南道尔的小说中的主人公 Holmes 惯译为"福尔摩斯"，尽管按读音应译为"霍姆斯"。在汉译英中，也是如此，如孙中山译为 Sun Yat-sen，一直沿用至今。

（2）地名的翻译

第一，地名的翻译原则。地名的处理同历史、国情、语言及习惯等都有关系，一般要遵循两个原则：①名从主人。地名翻译仍然要遵循"名从主人"原则，就是说翻译地名必须遵照原来的读音。如 Paris 按英语的读音应译为"巴黎斯"，但由于在法语中"S"不发音，所以译为"巴黎"。②约定俗成。地名具有社会性，应有相对的稳定性，一经约定俗成，就代代相传。所以已经被广泛接受的译名，不要轻易改变。如俄罗斯首都一直被译作"莫斯科"，这是按英文 Moscow 音译的，如按俄文应为"莫斯克娃"；再如 Greenwich 一直沿用"格林威治"的译名，虽然它的标准译名应该是"格林尼治"。

第二，地名的翻译方法。

首先，音译法。音译法也是翻译地名的最常用方法。在翻译时同样遵循前面关于人名翻译时讲到的准则，即要保证音准，不用联想词和生僻字，翻译时可省略不明显的音，但不能添加音。如英语地名 London 译作"伦敦"，Chicago 译作"芝加哥"。汉语地名的英译一般用汉语拼音进行音译，如"山西"译作 Shanxi，"上海"译作 Shanghai。

其次，意译法。意译法是指根据原文的意思，按照目的语的构词法进行翻译。有些地名有明确的意义，这种情况多采用意译，如 Thursday Island 译为"星期四岛"（因探险者于星期四发现它而得名），Long Island 译为"长岛"，the Pacific Ocean 译为"太平洋"，Red Sea 译作"红海"，Pearl Harbor 译作"珍珠港"等。

最后，音意混译法。音译混译即一半用译音，一半用译意来翻译一个地名，如 Northampton 译作"北安普敦"，New Zealand 译作"新西兰"，New Mexico 译作"新墨西哥"等。一般由具有词义的词和不具有词义的词组成的地名，可采用音意混译法。

第三，名词翻译的其他问题。

首先，地名翻译时增加通名（如"山""川""河""海""省""市"等）。例如，"纽约市""日内瓦湖"，其中"纽约""日内瓦"是专有名词，"市""湖"是通名。有的地名原文不包括通名，但是为了便于读者了解，翻译时有时需要增加"山""川""河""海""省""市"等族类词。

例如：He slipped out of the State Department and crossed the Potomac to Arlington, Virginia, where the civil ceremony took place.

译文：他偷偷地溜出了国务院，渡过波托马克河到弗吉尼亚州的阿林顿县，在那里举行了公民结婚仪式。

译文中分别给 Potomac、Arlington、Virginia 加上了通名，而非简单音译过来，以免缺少文化背景知识的读者理解起来困难。

其次，增加国名或区域范畴词。有时一个译名可指数个不同的地点，如"圣路易斯"可指巴西的 San Luis、阿根廷的 San Luis、美国的 Saint Louis。对于异地同名者，翻译时可加注国别、省市等区域范畴词，以区分不同的地方。上述的"圣路易斯"可做如下处理：圣路易斯（巴西）、圣路易斯（阿根廷）、圣路易斯（美国）。

2. 普通名词的翻译

（1）名词译作名词

第一，英语中的名词多数都可以译作汉语中的名词。

例 1：We found the hall full.

译文：我们发现礼堂坐满了。

例 2：The flowers smell sweet.

译文：花散发着香味。

第二，增加范畴词。抽象名词有时候说明人和事物的性质、情况、动态、过程、结果等，有时候又是具体的人或事物，这些词若直译，不能给人具体明确的含义，因此，翻译时往往要在汉语的抽象名词后面加上范畴词"情况""作用""现象""性""方法""过程"等来表示行为、现象、属性，使抽象概念更具体些。

例 3：Keep your eyes on this new development.

译文：请你注意这个新的发展情况。

抽象名词 development 译作具体的事物"发展情况"。

例 4：Under his wise leadership，they accomplished the "impossibility"．

译文：在他的英明领导下，他们完成了这件"不可能完成的工作"。

抽象名词 impossibility 译作"不可能完成的工作"。

（2）转译为动词

第一，含有动作意味的抽象名词往往可以转译成动词。

例 5：A careful study of the original text will give you a better translation.

译文：仔细研究原文，你会翻译得更好。

包含有动词意味的 study 译作了汉语的动词"研究"。

例 6：The sight and sound of our jet planes filled me with special longing.

译文：看到我们的喷气式飞机，听见隆隆的机声，我特别神往。

含有动词意味的 sight 和 sound 分别译作汉语的动词"看到"和"听见"。

第二，由动词派生的抽象名词往往可转译成汉语动词。在英译汉中，常将那些由动词转化或派生而来的行为抽象名词，转译成汉语的动词，以顺应汉语多用动词的习惯。

例 7：Enough time has passed since Dolly's arrival for a sober，thorough assessment of the prospects for human cloning.

译文：多利出生以来，人们用了足够多的时间，审慎而详尽地评估了人类克隆的前景问题。

arrival 译成汉语动词"出生"，名词 assessment 译成动词"评估"，读起来更顺畅，符合汉语用词习惯。

例 8：In spite of all the terrible warnings and pinches of Mr. Bumble，Oliver was looking at the repulsive face of his future master with an expression of horror and fear.

译文：尽管本伯尔先生狠狠警告过奥利弗，又在那里使劲掐他，他还是带着惊恐害怕的神情望着他未来的主人那张讨厌的脸。

句中的英语名词 warnings 和 pinches 译作汉语的动词"警告"和"掐"。

3. 名词复数的翻译

名词复数在英语中广泛使用，在汉语中若该复数概念是可以意会的，汉译时一般不必把复数译出来。但有些情况下，需要明确表达原文含义或符合汉语的习惯，则须将复数译出。这时英译汉通常采取增词法或重复法表达名词的复数。

（1）省译名词复数。由于汉语名词的复数不是通过词形变化表示的，因此，英语名词复数在汉译时通常不必译出来。英语的某些名词，总是以复数形式出现，这是因为它们表示的物体总是由两部分构成。例如，glasses（眼镜）、trousers（裤子）、shorts（短裤）、knickers（短衬裤）等。汉译时，这些词不必译为复数。

（2）增词法翻译名词复数。通常而言，汉语是通过加数量词或其他词的方式表示复数的，而英语是用名词的形态变化表示复数的。一般而言，在英语复数名词译成汉语时，根据上下文需要，可在名词前加定语"一些、各（诸）、成批（群、堆等）的"，或在名词后加复数词尾"们、群、之流"等表达。

（3）用重复法翻译名词复数。为了加强名词本身或使译文明确、通顺，不至于造成逻辑混乱，常常采用名词重译的方法。

（二）代词翻译

代词可以代替词、词组、句子甚至一大段话。汉语代词有三种：人称代词、指示代词、疑问代词。英语代词分为八种：人称代词、物主代词、自身代词、相互代词、指示代词、疑问代词、关系代词、不定代词，下面阐述常用的几种代词。

1. 人称代词和物主代词

（1）省略作主语的人称代词

首先，根据汉语习惯，前句出现一个主语，后句如仍为同一主语，主语就不必重复出现。英语中通常每句都有主语，因此人称代词作主语往往多次出现，这种多次出现的人称代词汉译时常常可以省略。

例1：I had many wonderful ideas，but I only put a few into practice.

译文：我有很多美妙的想法，但是付诸实践的只是少数。

后句中的主语是人称代词 I，由于和前句中的主语相同，因而汉译时省略了这个人称代词。

例2：He was happy and he must have finished his homework.

译文：他很高兴，一定是完成作业了。

其次，英语中，泛指人称代词作主语时，汉译时也可以省略。

例3：We live and learn.

译文：活到老，学到老。

作主语的人称代词 We 表示泛指，因而在译文中省略。

例 4：—When will he arrive?

　　　—You can never tell.

译文：—他什么时候到？

　　　—说不准。

作主语的人称代词 you 表示泛指，翻译时可省略。

例 5：The significance of a man is not in what he attained but rather in what he longs to attain.

译文：人生的意义不在于已经获取的，而在于渴望得到什么样的东西。

作从句主语的人称代词 he 表示泛指，翻译时都省略了。

（2）省略作宾语的人称代词。英语中有些作宾语的代词，不管前面是否提到过，翻译时往往可以省略。

例 6：The more he tried to hide his mistakes, the more he revealed them.

译文：他越是想要掩盖他的错误，就越是容易暴露。

作宾语的代词 them 省译了。

例 7：Please take off the old picture and throw it away.

译文：请把那张旧画取下扔掉。

例中省译了作宾语的代词 it。

（3）省略物主代词。英语句子中的物主代词出现的频率相当高。一个句子往往会出现好几个物主代词，如果将每个物主代词都译出来，译文就会显得冗长。所以，在没有其他人称的物主代词出现的情况下，在翻译时物主代词大多被省略。

例 8：I put my hand into my pocket.

译文：我把手放进口袋。

例 9：She listened to me with herrounded eyes.

译文：她睁大双眼，听我说话。

（4）有时为了加重语气或避免产生误会，要将代词译出。

例如：The workers and their families were starving.

译 10：工人和他们的家属在挨饿。

（5）根据上下文进行翻译。英语中的代词表示泛指时，要根据上下文进行翻译，而不能照译。

例 11：We have shortcomings as well as good points.

译文：人人都有优点，也有缺点。

We 泛指人们，译作"人人"。

例 12：You can never tell.

译文：谁也无法预料。

You 泛指一个人、任何人，意思接近 one，译作"谁"。

例 13：They say that we are going to have a new school.

译文：听说我们将会有一座新学校。

此句主语 They 泛指人们、大家，They say 可译为"听说，据说"。

2. 关系代词

英语常用的关系代词有 who，whose，whom，which 等。关系代词所引导的定语从句如需分开译，则关系代词的译法与人称代词及物主代词的译法基本上相同。

（1）译成汉语的代词

例 1：I was a willing worker, a fact of –which my new boss took fully advantage.

译文：我很爱干活，新老板就尽量占我这个便宜。

例 2：My cousin is a painter, who is in Japan at present.

译文：我表哥是个画家，他现在在日本。

例 1 中的 which 译成"这个"；例 2 中的 who 译成"他"。

（2）重复英语的原词（先行词）

例 3：Rain comes from clouds, which consist of a great number of small of particles of water.

译文：雨从云中来，云中包含有无数的小水滴。

例 4：The cook turned pale, and asked the housemaid to shut the door, who asked Brittles, who asked the tinker, who pretended not to hear.

译文：厨子的脸发白了，他叫女仆去把门关上，女仆叫布里特兹去，布里特兹叫补锅匠去，而补锅匠却装作没听见。

在这两句中，由于提到的物或人不止一个，因此在译文中重复原词以避免混淆。

3. 指示代词

（1）英语的 this（these）和 that（those）有着严格的区别，除了表示"这（些）""那（些）"之外，this（these）指较近的事物，或下文将要提及的事物；that（those）指较远的事物，或者上文已提及的事物。而汉语的"这"与"那"区别较小，一般而言，that 常可译成"这"。

例 1：There is nothing comparable in price and quality. That's why we choose it.

译文：在价格和质量上都有着无与伦比的优势，这就是我们选择它的原因。

指示代词 that 指代上文，被译为"这"。

例 2：Do you remember how we recruited, organized and trained them? That's the basic way to set up a club.

译文：还记得我们如何招募、组织并训练他们的吗？这就是成立一个社团的基本方法。

指示代词 that 指代上文，被译为"这"。

（2）有时英语在前一句中提到两个名词，在后一句中就用 this（these）指第二个名词，用 that（those）指第一个名词。翻译时，汉语常重复原词，而不用"这"与"那"。

例 3：I'm going either today or tomorrow；the latter is more Likely.

译文：我或者今天走，或者明天走，明天的可能性大一些。

例 4：My father was Irish, my mother—a Highlander. The father died when I was seven years old.

译文：我父亲是爱尔兰人，母亲是苏格兰高地人。我七岁时父亲就死了。

4. 不定代词

（1）some 和 others 常一起用于英语复合句中，汉语译作"有的……，有的……""或……，或……"。

例 1：Some walked to the station, others took a bus.

译文：有的步行去车站，有的乘公共汽车去。

例 2：Some of our classmates come from Eastern China, some from Southwestern China, some from North China, and others from the North-east of China.

译文：我的同学或来自华东，或来自西南，或来自华北，或来自东北。

（2）one…another…a third…用于复合句中，是表示许多并列的事物，汉语译成"一（个）……，一（个）……，一（个）……"或其他表示并列的句型。

例 3：Tomorrow morning we have three classes：one is reading；another is oral English, and a third is translation.

译文：明天上午有三堂课：一是阅读，一是口语，一是翻译。

（三）副词翻译

英语副词是说明时间、地点、程度、方式概念的词，一般情形下可以修饰动词、形容词、副词或全句，表示状况或程度。

第一，英语副词可以译成汉语的副词、形容词、动词、名词代词、独立句、关联词等。

第二，副词词序及其翻译。英语副词位于英语句首、被修饰词之前或介于被修饰部分之间，汉译时位置可以不变。

（四）动词翻译

英汉两种语言的最大差异之一，便是体现在动词的运用上。汉语和英语相比，汉语动词灵活多变，具有极强的表现力，这有三方面的原因：①汉语属综合性语言，其动词没有形态变化，一个句子中可以连用几个动词；英语一般来说一个句子只有一个动词。②在英语中，许多名词、介词短语、副词等具有动词的特点。③汉语动词除可以作句子的谓语外，还可以作句子的定语、补语、主语、宾语；而英语的动词一般来说作句子的谓语。因此，翻译时，需要注意这些特点。

1. 时态的翻译

（1）一般现在时。一般现在时主要表示经常性的动作或现在的特征或状态，还可用来表示普遍真理。一般现在时还可以用在条件和时间状语从句中表示将来的动作，用来代替一般将来时。谓语动词一般采用直译的方法，有时还可以在动词前用"可以……""会……"等。

（2）一般过去时。一般过去时主要表示过去某时发生的动作或情况（包括习惯性动作）。有些情况，发生的时间不很清楚，但实际上是过去发生的，应当用过去时态。一般过去时的译法比较简单，一般不需要添加哪些副词或者助词来表示过去时，这是因为汉语习惯上不需要明确表示动词的时态。根据上下文，或者借助句子里的时间状语，便可表达过去时。但是有时候为了更加准确的翻译，或者为了强调起见，也可在动词前后添加"已经""曾""……过""……了"等字，或者在句首添加"以前""当时""过去"等时间副词。

（3）一般将来时。一般将来时态表示将要发生的动作或存在的状态。翻译这种时态时，大多可以在动词前面添加"将要……""会……""便""就"等词。

（4）进行时态。现在进行时表示某一时刻或某一时段正在进行的动作，译为汉语时，译文中有"着""在""正在""不断"等体现进行时的词。

（5）现在完成时。翻译现在完成时，可在动词前面添加时间副词"已经"和在后面添加助词"了""过"或者"过……了"。

2. 被动语态翻译

被动语态是英语动词的一种变化形态，表示句子的谓语动词和其主语之间存在逻辑的动宾关系。被动句的主语实际上是谓语动词动作的承受者。被动语态的广泛使用是英语有别于汉语的又一个特点。被动语态的出现多为下列四种情况：不知道或者不必说出动作的执行者是谁；动作的承受者是谈话的中心；出于礼貌、措辞选用等方面的考虑，不愿意说出动作的执行者是谁；为了上下文的衔接或者句子的合理安排。

汉语中也有被动句，但使用范围较狭窄，许多被动意义的句子是用无主句的形式来表达的。汉语的被动语态表现为三种形式：显性被动，用"被""让""叫""给"及"由"等介词作语态标定的句式；半显性（半隐性）被动，用"加以""……是……的""……的是……"及"……为……所……"等句式；隐性被动，即逻辑上的被动以形式上的主动表示。

以英语被动语态的翻译，英语中的被动语态，在多数情况下要译成符合汉语习惯的主动语态，也有少数保留被动语态。

（1）译成汉语的主动句：①保留原文中的主语。在将被动句翻译成汉语的时候，有时可以将原文中的主语仍作译文中的主语。②将原文中的主语转译成宾语。将原文中的主语翻译成宾语。如果原句中没有施动者，在必要的情况下还可以在译文中添加相应的主语如"人们""大部分人""大家"等。③译成无主句。当无须说出行为主体时，或者在没有动作发出者的被动句中，有时可以将被动句翻译成无主句。一般而言，英语中不带 by 短语并含情态动词的被动句都可以采用这种译法。翻译时，将原句的主语译成宾语，放在动词后面，也可以加"把""将""对"等词将宾语放在动词之前。英语中有些特殊的被动句是由短语中的名词作主语构成的，翻译时可以将原句的主语和谓语合译成汉语无主句的谓语。④译成带表语的主动句。汉语中常用"……是……的"这一句式来说明人和事物的客观情况。一般而言，英语中用来说明客观情况的被动句都可以转译成汉语的这一句式。⑤有些是以 it 为形式主语的句子，在译成汉语时常常要改变成主动形式。译文有时不加主语，有时需要加入不确定的主语，如"有人""大家""人们""我们"等。

（2）译成汉语的被动句。当英语被动句在语义上着重谓语动词本身的意义时，可译成汉语的被动结构。

3. 虚拟语气翻译

虚拟语气（the Subjunctive Mood）表示说话人所说的话不是事实，或者不可能发生，而是一种愿望、建议、猜测或与事实相反的假设等。

英语通过动词形态变化来表述虚拟语气，而汉语主要利用词汇手段来表述。现代汉语用以表示虚拟的词语范围比较广，但主要是以下三类词语。

（1）参与组成谓语部分的前置助动词。①表示能力和可能性：能、能够、可以、会、可能等；②表示意愿和意向：愿、愿意、情愿、敢、肯、乐意、想、要等；③表示推测和必要：应、应该、当、该、得等。

（2）参与加强或限定谓语成分的副词。①就、就会："就"以及"就"与助动词

"会"的搭配式"就会"是表示"假设"的最重要的副词。"就"是一个表示强调的副词："我要是你，我就去。"这时的"就"是不可少的，不能省的。"就"之前还可以加"早"，作为对"就"的强调。"就"的基本作用是加强。②本、本来、原本（是）：也是现代汉语中参与构成假设陈述重要的副词，其作用是限定。③竟："竟"是表示出乎所料的一个副词，其作用是加强。一般而言，现代汉语表示"假设"的谓语形式就是以上两类情态辅助性词语与动词的组合，一般结构形式是"副词+助词+动词"。

（3）引导条件句的连接词。一般而言，现代汉语在复句中表达假设的含义，是通过连词引导条件句来完成的。这样的连词包括：如果；假如，假设，假定，假若；若，倘使、倘，若使、设若；要是。

英译汉时，要根据各种谓语动词的形态、表示假设的连词以及特殊的句子结构和某些特定的词语来判定虚拟语气的类型，并加以恰当的表达。虚拟条件句，即非真实条件句中，条件从句及主句所用谓语动词的形式，根据时态的不同，可以分为三种：与现在事实反之，与过去事实反之，与将来事实相反。句中的条件从句和结果主句都须用虚拟语气。

（五）连词翻译

连词是连接词与词、短语与短语、句与句的词。连词可分为两类：并列连词和从属连词。并列连词是用来连接同等的词、短语或分句的；从属连词是用来引起从句的。

第一，省略不译。英译汉时，有些连词在很多情形下可以不译，特别是一些在句子里只起连接作用而本身并无意义的连词，一般可以略去不译。

第二，照译。有些连词在句中除了起连接作用外，本身也具有一定的含义，特别是一些连词短语，具有很强的含义，如果省译会影响对句子的理解，就要照译。

第三，转译。英语的连词除了可译作汉语的连词外，还可根据原句中的关联作用译成汉语中的副词、介词、助词、动词。

二、英语词汇翻译的方法

（一）转化法

汉语和英语在某些词性的使用频率上习惯不同。一般而言，汉语是偏"动态"的语言，其动词的使用频率较高，连动式和兼语式等结构也常出现；而英语是偏"静态"的语言，相对而言，名词和介词的使用频度较高。因此，把一些汉语动词译成英语时，需按照英语的表达习惯，适当改变这些汉语动词的词性。其他词性的汉语词汇译成英语时，有时也需要转换词性翻译，以使译文更为准确。

第一，依据动词转换为英语名词。

例1：采用这种新装置可以提高效率。

译文：The adoption of this new device will greatly improve the efficiency.

第二，依据动词转换为英语副词。

例2：他打开窗户，让新鲜空气进来。

译文：He opened the window to let fresh air in.

第三，依据动词转换为英语介词。

例3：老师捧着试卷走进了教室。

译文：The teacher entered the classroom with the examination papers in her arms.

第四，依据形容词转换为英语动词。

例4：听到敲门声，帕克很紧张。

译文：Parker tensed at the soft knock.

例5：这个湖很臭。

译文：The lake smells.

第五，依据名词转换为英语动词。

例6：女神狄刻是正义的化身。

译文：The goddess Dice personifies justice.

第六，依据名词转换为英语形容词。

例7：这名伤者被迅速送往医院。

译文：The injured was quickly sent to the hospital.（名词–形容词）

第七，依据名词转换为英语副词。

例8：严格的训练使他们身心疲惫。

译文：The strict training made them tired，both physically and mentally.（名词–副词）

（二）增词法

汉译英时，首先，时常需要根据英语的语法和表述习惯，在汉语原文的基础上增添一些单词或词组；其次，汉语原文的真实含义隐藏在字里行间而并未明确地得以表达，这样的句子译为英语时，一般可通过增词法把句子隐含的意思清楚地表达出来，以帮助读者理解其深刻内涵。

用增词法的原则是"增词不增意"，即译出隐义时不能增加或改变原句之意。当然，有时为保持原文的风格和句子的特色，译者不能违背作者意图、把所有的隐含之义都清楚地译出，从而致使译文失去许多意趣，致使读者失去思考和探索之乐。因此，译者既不能漏译原句的隐义，又不能把原著作者刻意要含蓄表达的隐意都简单地说出。

1. 增加冠词

汉语没有冠词，把汉语译成英语时要适当加上冠词。至于用哪些冠词、哪里用冠词，其实是英语语法中对冠词使用的问题。

（1）增加不定冠词（indefinite article）。

例 1：我们在业务上有了良好的开端。

译文：We have made a very good start in our business.

（2）增加定冠词（definite article）。

例 2：天空中开始闪烁着淡紫色、玫瑰红和琥珀色。

译文：Hues of lavender, rose and amber begin to pulsate in the sky.

2. 增加代词

（1）增加作主语的代词。在汉语中，如果前文出现过一个主语，而后面一句的主语与前文一致，那么后句主语可以省略。但是翻译成英语时，一般要将这个被省略的主语补上。

例 1：但我就是这个脾气，尽管多番努力，却还是没能改掉。

译文：But that is the way I am, and try as I might, I have not been able to change it.

此外，汉语中还有不少无主句，翻译成英语时也应将省略的主语补上。

例 2：很高兴收到您的来信。

译文：I am so glad to hear from you.

例 3：这里到处可以看到枝繁叶茂的树木。

译文：Everywhere you can find lush trees here.

例 4：看样子要下雨了。

译文：looks like rain.

（2）增加作宾语的代词。汉语中，常常可以把动词后面的前文出现过的宾语省掉，以避免冗长。但译成英语时，由于及物动词后面必须跟宾语，故要保留这个宾语；同时为避免重复，就用代词来替代前文提到过的这个宾语。

例 5：你越要掩盖自己的错误，就越会暴露。

译文：The more you try to cover up your mistakes, the more you reveal them.

（3）增加物主代词。

例 6：一只鹭从远处的岸边飞起，轻轻扇动着翅膀掠过湖面。

译文：A heron rises from a distant shore and gently fans its way over the lake.

3. 增加介词

例 1：她白天在餐厅工作，晚上在酒吧当女招待。

译文：She works at a restaurant during the day and as a waitress at a bar at night.

例 2：我家的屋后有一个果园。

译文：There is an orchard at the back of my house.

例 3：他还太年轻，无法明辨是非。

译文：He is too young to distinguish right from wrong.

4. 增加关联词

汉语复句之中，各分句之间的关联词常可不用，因为其前后的逻辑关系往往暗含于其中。而译成英语时，必须把这些关联词补充进去。

（1）增加并列连词

例 1：她瘦弱憔悴。

译文：She is scraggy and haggard.

（2）增加从属连词

第一，增加表示因果的从属连词。

例 2：他没有看过校长讲话的文本，不愿加以发挥。

译文：He declined to amplify on the principal's statement, since he had not read the text. ／ He had not read the text of the principals statement, so he declined to amplify on it.

第二，增加表示条件的从属连词。

例 3：你不参加这个比赛，那我也不参加。

译文：I won't participate in the contest if you don't.

第三，增加表示时间的从属连词。

例 4：你明天去购物，帮我把这封信寄了吧。

译文：Please post the letter for me when you go shopping tomorrow.

5. 增加背景词

由于中西方文化间的差异较大，因此，关于中国特有文化的内容，如果简单而机械地译成英语，外国读者肯定会感到迷惑。此时就有必要在译文中适当加上解释性词语，从而把该汉语词汇或短语所隐含的意思表达清楚。

例 1：茅台是我爷爷的最爱。

译文：Maotai liquor is my grandpa's favorite.

解析："茅台"是中国知名白酒品牌，这里其实具体指的是"茅台酒"。考虑到多数外国人并不知道这是一种酒，所以这里有必要添加"liquor"一词，予以说明。

例2：三个臭皮匠，抵个诸葛亮。

译文：Three cobblers with their wits combined equal Zhuge Liang the master mind.

解析："诸葛亮"在中国可谓家喻户晓的神机妙算之人，然而在国外却未必尽人皆知。因此，在这里加上"the master mind"一解释性词组，有助于外国读者更好地理解这句话所隐含的"人多力量大"的深意。

（三）省略法

把汉语译成英语时，可以省略不译出有些词汇和短语，以使英语译文更加简洁、流畅、地道。但是，使用省略法的前提是保持原文的意思不变，省略绝不等于漏译。

1. 省略范畴词

许多汉语的名词性短语善用范畴词，而英语却相应地多用概括能力强、词义范围宽的抽象词。因此，要将汉语翻译成地道的英语，一般应将汉语的范畴词省略不译。例如：

能见度 visibility

说服工作 persuasion

紧急状况 emergency

疯狂行为 madness

2. 省略重复词

汉语中常常重复某个词汇，以达到强调等的特殊效果。但在英语中使用"重复"手段的频率远不如汉语为高。因此，汉译英时，可以让重复部分只出现一次，或在第二次出现相同内容时，用代词代替，从而避免累赘。

例1：中国人民历来是勇于探索、勇于创造、勇于革命的。

译文：Chinese people have always been courageous enough to probe into things, to make inventions and to make revolution.

例2：他讨厌失败，他一生中曾经战胜失败，超越失败，并且藐视别人的失败。

译文：He hated failure; he had conquered it all his life, risen aboveit, and despised it in others.

例3：我耸了耸肩，小汤姆也耸了耸肩。

译文：I shrugged my shoulders, and little Tom did the same.

例4：热能可以转化为电能，电能也可以转化为热能。

译文：Heat energy can be transformed into electric energy, and vice versa.

3. 省略语气助词

汉语中常使用语气词"吗、呢、呀、啊"等来表达说话者疑问、惊讶、感慨等语气，译成英语时，常可省略。

例 1：类人猿能掌握类似于人类的语言吗？

译文：Can an ape master anything like human language?

例 2：不过你打算去请多少人来呢？

译文：Now how many men do you figure to have sent here?

4. 省略意思相同细节描写

汉语中常常连续使用几个结构相同、意思相似的并列词组来达到一定的修辞效果。将其译成英语时，一般只需译出中心意思即可。

例：她有着沉鱼落雁之容，闭月羞花之貌。

译文：Her beauty would put the flowers to shame.

（四）具体化法

汉语原文中有些用词比较抽象或含义比较模糊，翻译时不妨把这些词语加以具体化，以使英语译文更加形象生动，同时也能帮助读者理解其中的深意。

例 1：他另有企图。

译文：He has an ax to grind.

例 2：生活中既有甘甜，也有苦涩。

译文：Every life has its roses and thorns.

例 3：我们刚进入太空时代。

译文：We are at the dawn of the space age.

例 4：他精彩的演讲博得满堂彩。

译文：His remarkable speech brought down the house.

（五）抽象化法

很多汉语的词汇或成语非常形象具体，但在英语中往往没有语义和形象完全与之对应的短语。若按照字面意思生硬地直译过来，读者或会感到非常费解。因此，译者可以把这个"具象"的词汇或成语"抽象化"翻译，以使英语译文自然流畅，也能帮助读者领会其隐含的意思。

例：流利的英语是她进入这家合资企业的敲门砖。

译文：Fluent English is her entree to this joint venture.

（六）结构调整法

第一，名词前有多个形容词修饰时，这些形容词在汉语和英语中的位置是不尽相同的。因此，在汉译英时，要根据英语习惯改变这些形容词的前后次序。

例1：这本书介绍了优秀的德国现代建筑。

译文：This book gives an introduction of outstanding modern German architecture.

第二，汉语常把表示时间、地点等的定语置于被修饰名词之前，译成英语时，一般要定语后置。

例2：他没有出席上个星期的会议。

译文：He didn't attend the meeting last week.

例3：你看过《霓虹灯下的哨兵》吗？

译文：Have you seen Sentinels under Neon Lights?

（七）归化法

有些汉语词组恰好能在英语中找到意思极为相似的对应词组。此时，不妨将英语中与之相对应的词组作为其译文，以使英译文更加符合英语的文化背景、更易于被英语使用者接受。

例1：丁字尺

译文：T-square

该汉语词汇以"丁"字来生动而形象地描绘了这种尺子，令人一目了然。但把该词组译成英语时就有麻烦，因为许多外国人并不认识汉字。而且汉字"丁"是利用其字形来描述尺的形状，而并非利用其意。所幸，英语26个字母中的"T"恰好与汉语"丁"字极为相近，因此翻译时可用"T"来代替"丁"，起到相似的表述作用。

例2：一箭双雕

译文：kill two birds with one stone

该汉语成语恰好在英语中有个意思雷同的成语与之对应。尽管"箭"与"stone"、"雕"与"bird"概念并不等同，但两个短语所表达的含义却是如出一辙。所以，可用英语成语来译汉语成语，保持原文的精彩妙趣。

例3：咬紧牙关

译文：bite the bullet

在得不到麻醉药的情况下，医生给伤员动手术时会让他们嘴巴紧紧咬住毛巾或皮带（在战场上或是子弹），以此保护舌头、帮助伤员缓解手术过程中的剧烈疼痛。于是该英语短语就沿用至今，并被赋予抽象的含义。这一英文短语无论在具体还是在抽象的含义上都可与此汉语短语相对应。

还有下列的例子可说明此译法：

例 4：挥金如土

译文：spend money like water

例 5：得寸进尺

译文：give sb. an inch and he will take a mile

例 6：这个踌躇满志的大学毕业生认为自己有点石成金的本领。

译文：The ambitious university graduate thought that he had the Midas touch.

根据希腊神话的描述，酒神狄奥尼索斯赐给佛里几亚国王 Midas 一种力量，使他能把手触摸过的东西都变成金子。此英语短语恰好对应汉语之意，且形象生动。

（八）加注法

汉语中许多词汇具有本族特有的丰富文化内涵。译成英语时，仅靠用增词法还不足以把相关的文化背景介绍清楚，此时就需借助详细注释，帮助读者明白汉语句子的真实含义及其相关文化背景。

例如：佛跳墙是一道福州传统名菜。

译文一：Buddha Jumping over the Wall（Stewed Shark Fins with Assorted Seafood）is a famous traditional dish in Fuzhou.

译文二：It is a name after a legend saying that even Buddha could not resist the temptation of the dish and jumped over the wall of the temple to taste it.

第三节　英语的句式翻译

一、英语句式翻译的类别

英语文体各异，句型复杂，长句的出现频率高，逻辑性强，给译者增添了许多困难。然而，英语语言具有"形合"的特点，无论多长、多么复杂的结构，都是由一些基本的成分组成的。译者首先要找出句子的主干结构，弄清楚句子的主语、谓语和宾语。其次，分析从句和短句的功能，分析句子中是否有固定搭配、插入语等其他成分。最后，按照汉语的特点和表达方式组织译文，这样就能保证对句子的正确理解。英汉两种语言中的句子种类及类型有同有异，具体如下。

第一，英语句子类别。句子是按语法规律构成的语言单位，用以表达一个完整的、独立的意思。句子是构成篇章的基本单位。句子的种类一般是按使用目的划分的，主要有陈述句、疑问句、祈使句和感叹句。句子的类型是按结构划分的，可大体分为简单句、并列句和复合句三种。

第二，汉语句子类别。汉语的句子有单、复句之分。单句可以从不同的角度来分类。从句子所表达的内容和句子的语气来看，单句可以分为陈述句、疑问句、祈使句和感叹句四类。从句子的语法结构来看，单句又可分为完全句、省略句、无主句和独语句四类。复句是由两个或两个以上在意义上有某种联系的单句合起来构成的比较复杂的句子。构成复句的单句叫分句，这些分句必须有一定的联系，这种联系可以用语序或关联词语来表示。

复句的结构比单句复杂，意义和容量也较大。复句的类型是依据分句之间意义上的不同来划分的，一般分为联合复句和偏正复句两大类。联合复句各个分句意义上的联系是平行的，可用来表示并列关系、递进关系、承接关系、选择关系和取舍关系等。

偏正复句各个分句意义上的联系是有主次之分的，表示主要意义的分句叫作正句，表示次要意义的分句叫偏句，通常偏句在前、正句在后。偏正复句按偏句和正句之间意义上联系的不同可以分转折复句、条件复句、假设复句、因果复句、目的复句等。例如，"他的话太感动人了，可惜我不能够照样说出；国无论大小，都各有长处和短处；如果你肯让我们抄写，我们很乐意的啊；既然你这么说了，我就跟你去一趟吧；你快去吧，免得他等急了"。

（一）定语从句翻译

英语中，定语从句分为限制性从句与非限制性从句两种，在句中的位置一般是在其所修饰的先行词后面。限制性定语从句与非限制性定语从句的区别主要在于限制意义的大小。而汉语中定语作为修饰语通常在其所修饰的词前面，并且没有限制意义的大小之分。因此，限制与非限制在翻译中并不起十分重要的作用。英语中多用结构复杂的定语从句，而汉语中修饰语不宜臃肿。所以，在翻译定语从句时，一定要考虑到汉语的表达习惯。如果英语的定语从句太长，无论是限制性的还是非限制性的，都不宜译成汉语中的定语，而应用其他方法处理。英语中单个词作定语时，除少数情况外，一般放在中心词前面；而较长的定语如词组、介词短语、从句作定语时，则一般放在中心词后面。在了解英汉两种语言差异的基础上，以下探讨适合商务句子的翻译。

1. 定语从句翻译之前置法

前置即在英译汉时把定语从句放到所修饰的先行词前面，可以用"的"来连接。既然定语从句的意义是作定语修饰语，那么在翻译的时候，通常把较短的定语从句译成带"的"的前置定语，放在定语从句的先行词前面。在商务翻译实践中，人们发现前置法比较适合翻译结构和意义较为简单的限制性定语从句，而一些较短的具有描述性的非限制性定语从句也可采用前置法，但不如限制性定语从句使用得普遍。

2. 定语从句翻译之后置法

后置法即在英译汉时把定语从句放在所修饰的先行词后面，翻译为并列分句。英语的定语从句结构常常比较复杂，如果译成汉语时把它放在其修饰的先行词前面，会显得定语太臃肿，而无法叙述清楚。这时，可以把定语从句放在先行词后面，译成并列分句，重复或者省略关系代词所代表的含义，有时还可以完全脱离主句而独立成句。

3. 定语从句翻译之融合法

融合法即把主句和定语从句融合成一个简单句，其中的定语从句译成单句中的谓语部分。由于限制性定语从句与主句关系较紧密，因此，融合法多用于翻译限制性定语从句，尤其是"there be"结构带有定语从句的句型。

4. 定语从句翻译之状译法

英语的定语从句与汉语中的定语还有一个不同的地方，即英语中有些定语从句和主句关系不密切，它从语法上看是修饰定语从句的先行词的，但限制作用不强，实际上是修饰主句的谓语或全句，起状语的作用。也就是说，有些定语从句兼有状语从句的功能，在意义上与主句有状语关系，表明原因、结果、目的、让步、假设等关系。在这种情况下，需要灵活处理，在准确理解英语原文的基础上，弄清楚逻辑关系，然后把英语中的这些定语从句翻译成各种相应的分句。因此，应视情况将其翻译成相应的状语从句，从而更清晰明确地传达出原文中的逻辑关系。

由此可见，语言的表达是灵活的。英语中的定语从句应根据原文的文体风格、原文内容、上下文的内在逻辑关系灵活处理。在翻译一个句子，特别是当原作语言和译作语言在语法结构和语义结构上差异较大时，往往要经过一个分析、转换和重组的过程。理想的翻译结果是在重组的过程中，两种语言的信息能产生共同的语义结构，并达到概念等值，最终使译文的读者对译文信息的反应与原文的读者对原文信息的反应趋于一致。

（二）状语从句翻译

英语的状语从句在句中可以表示时间、地点、原因、条件、让步、方式、比较、目的和结果等意义。表示不同意义的状语从句在句中分别由不同的从属连词引导。英汉语言中状语从句位置不同。英语中状语从句一般处在宾语后的句尾，即主+谓+宾+状，但有时也出现在句首，而汉语中状语的位置比较固定，汉语中状语往往位于主谓语中间，即主+状+谓+宾；或者为了表示强调，状语也常常位于主语之前。因此，人们在进行英译汉翻译时要遵循汉语的表达习惯，相应地进行语序的调整，不能过分受制于原文的语序和结构。

二、英语句式翻译的方法

在了解掌握了汉译英中词（组）的翻译方法之后，就要应对句子的翻译。要将汉语句子译成通顺、地道的英语句子，译者也往往需要采用适当的句子翻译技巧和方法，以妥善处理不同类型的句子，这些技巧和方法主要包括合句法、分句法和变序法等。

（一）合句法

合句法技巧主要是将汉语复句译成结构紧凑偏正的英语句。汉语各句子或分句之间主要凭借语义逻辑维系，而其语法逻辑关系似乎不甚清晰，句子结构在形式上比较松散。因此，把汉语句翻译成英语时，需要先分析汉语复句的各句子或分句之间内在的逻辑关系，确定其主句和分句，再通过使用介词短语、从句等手段把它译成地道的英语句子。

例1：在保险期限内，被保险人应采取一切合理的预防措施，包括认真考虑并付诸实施本公司代表提出的合理的建议。由此产生的一切费用，均由被保险人承担。

译文：During the period of this insurance, the Insured shall at his own expense take all reasonable precautions, including paying sufficient attention to and putting into practice the reasonable recommendations of the Company.

解析：第二个汉语句子在译成英语时作为一个介词短语融入了第一句中，这种处理使英语句子的译文更加简明扼要。

例2：地处人民广场的上海大剧院以其独有的建筑风格成为上海市的标志性建筑。它的存在使人民广场成为这座城市的政治和文化中心。

译文：With its unique style, the Shanghai Grand Theatre located at the Peopled Square has become a representative building in Shanghai, whose existence renders the People's Square the city's center of politics and culture.

解析：英语译句中使用非限制性定语从句，把两个汉语句子合并为一句，使结构紧凑。

例3：他用积攒了好几年的零用钱买了一台数码摄像机。此后，他带着这台摄像机访问了全国各地的景点，拍摄了许多录像。

译文：With the pocket money (that) he had saved for quite a few years, he bought a digital video, with which he then visited various scenic spots throughout the country and shoot a lot of videos.

解析：此例中，汉语复句通过"此后"，把前、后两句作时间上的连接。译成英语时，把第一个汉语连动句式处理成偏正关系的"with…（that）…he bought…"、带定语从句的"介词短语+主谓结构"；又把第二句汉语句译成"with which"的"非限制性定语从句"，从而把汉语结构相对较为松散的复合句，译成英语一个主句带两个定语从句和一个介词短语的句式，使结构紧凑，逻辑层次分明。这就是合句译法的妙用。

例4： 人的一生有多少意义，这有什么衡量标准吗？

译文： Is there any standard to evaluate the meaning of a person's life?

解析： 此例的汉语复句由两个分句松散地联合而成。翻译时只要稍加分析就不难发现，这里"衡量标准"即指"衡量人一生有多少意义"的标准。故译成英语时用合句法把第一汉语句译成动词不定式短语，作后置定语修饰"standard"，从而把两句并列关系的汉语句译成一句"偏正关系"的英语简单句，使结构紧凑，重点突出。

由此可见，译者的英语水平越高，就越有可能自如地通过介词短语、动词的非谓语形式（包括独立主格结构）、从句以及插入语等手段，把连接关系相当松散的汉语复句，译成语法逻辑关系清晰、结构层次分明的英语句式。这样既符合英语的表达习惯，又能有效表达句子的含义。

（二）分句法

分句法技巧主要是将汉语长句有机拆译。汉语的句子只要意思连贯，其形式往往呈松散铺排，并无太多语法逻辑的拘泥。汉语句子可以很长，且一个复句中有时可有多个主语。与此反之，英语则是结构分明、逻辑性很强的语言。有鉴于此，译者有时会发觉难以把一个汉语长句的全部内容浓缩于一个英语句中。此时，译者需根据汉语原文的内在逻辑关系，对整个汉语长句进行划分，有机拆开，予以分译，译成两句或两句以上的英语复句。这种翻译方法就是"分句法"。

例1： 东方明珠电视塔位于浦东的陆家嘴，电视塔与其东北面的杨浦大桥和西南面的南浦大桥共同构成了一幅"双龙戏珠"的画面，这整幅摄影的经典构图总在激发着人们的想象，全年吸引着数以千计的游客。

译文一： Located in Lujiazui in Pudong area, the Oriental Pearl TV tower, together with the Yangpu Bridge in the northeast and the Yangpu Bridge in the southwest, creates a picture of "twin dragons playing with pearls". The entire scene is a photographic jewel that always arouses the imagination and attracts thousands of visitors year-round. （译成二句）

译文二： The Oriental Pearl TV Tower is located in Lujiazui in Pudong area. The tower, surrounded by the Yangpu Bridge in the northeast and the Yangpu Bridge in the southwest, creates a picture of "twin dragons playing with a pearl". The entire scene is a photographic jewel that always arouses the imagination and attracts thousands of visitors year-round. （译成三句）

分析例 1，其汉语长句的内在语义逻辑关系，可以对此句做如下划分：

东方明珠电视塔位于浦东的陆家嘴，∣电视塔与其东北面的杨浦大桥和西南面的南浦大桥共同构成了一幅"双龙戏珠"的画面，∣这整幅摄影的经典构图总在激发着人们的想象，∣全年吸引着成千上万的游客。

显然，第一个分句讲述东方明珠电视塔的地理位置；第二个分句讲述它与环境构成"双龙戏珠"的画面，所以前两句为一层意思。而第三个分句则是讲述这幅经典画面对人产生的影响力；第四分句具体说明其影响力，所以后两句为一层意思。

译成英语时可将汉语原文拆分为两三个句子，分别翻译，条理清晰。

例 2：表面上看来，管理者会不得不对一些文化群体比对另一些文化群体在守时方面更宽容一些，但是这种做法在城市文明中是站不住脚的，因为它将使人相信"这种文化的时间取向比西方的时间取向逊色"这一学术论调。

译文：On the surface, it might seem that a manager may have to be more tolerant about punctuality with some cultural groups than others. But this is unwarranted in an urban civilization. It would give credence to the academic literature that implies "the time orientation in such a culture is inferior to that in the West".

分析例 2 汉语长句的内在逻辑关系，可以对此句做如下划分：

表面上而言，管理者会不得不对一些文化群体比对另一些文化群体在守时方面更宽容一些，但是这在城市文明中是站不住脚的，∣它将使人相信此种文化的时间观念比西方的时间观念逊色这一学术论调。

由此可见，第一个分句与后两个分句之间存在着转折关系，而后两个分句之间则存在着并列关系。所以，可将该汉语句子拆译成三个英语句子。

例 3：近年来，我国政治体制的改革与调整已经在进行之中，其中最为重要而且成就最为显著的就是政府职能的转变。

译文：The reform and adjustment of the political system of our country has been under way these years. The most significant and the most accomplished (reform and adjustment) is the shift of governmental functions.

例 3 汉语句的前、后两个分句之间其实存在着"总、分"关系，故译成英语时，不妨将两层意思分译成两句英语句子。必须明确的是，使用"分句法"翻译的汉语句并非都是长句。有些汉语句子虽然并不长，是一个句子，却包含了两层甚至更多层的意思，此时也有必要把汉语句子拆开，予以分译。可看更多的例子：

例 4：不，村庄并没有消失，现在的村庄比以往任何时候都更有活力。

译文：No，the village is not dead. It is now more vital than ever before.

例 4 汉语句前后分句之间呈"递进"关系，也可分译。

例 5：他的花园里有一个漂亮的池塘，池塘上有一座桥，桥中央有一个亭子。

译文：There is a beautiful pond in his garden. Across the pond is a bridge with a pavilion in the middle.

例 5 汉语句的前后三句之间呈"追述关系"，用动词非谓语形式不妥，故可拆开分译为两句。

（三）变序法

变序法技巧主要是按汉英表达顺序不同而灵活采用的技巧。汉语与英语的表达顺序不同。汉语中各分句的先后顺序往往是按照事件发生的时间先后，或先因后果，或先条件后结果，或先事实后结论等顺序来排列。与此反之，英语句子的排列顺序则相对要灵活得多。所以，汉译英时，可按实际情况，或出于某种修辞手段之目的，有意识地改变原句中部分语法结构的语序，乃至全句和各分句之间的语序，以灵活表达原句之意，达到符合英语表述习惯之目的。"变序法"一般有以下技巧。

第一，时间、地点、方式等状语的变序。汉语中往往把表示时间、地点、方式等的状语前置；而英语中状语的位置相对比较灵活，状语的位置可前可后。所以，进行汉译英时，常常需要使用"变序法"。

第二，句子语态转换时的变序。"变序法"还常常涉及句子语态转换问题。汉语中被动语态的使用频率不是很高，因为汉语常使用主动句式来表达被动含义。较之汉语，英语中被动语态的使用频率就高得多，因为欧美人惯于使用被动句式以示客观。在科研论文写作中情况更是如此。此外，在不少情况下，汉语语法允许汉语句式为无主句。然而，译者在翻译汉语无主句时，一般可适当地补充句子主语，或可将句子译成被动句。

总而言之，由于汉语和英语在语法和表达习惯方面甚有差异，所以译者在把汉语词语译成符合英语语法和表述习惯的英语译文时，需要使用增词法、省略法、具体法、抽象法、词性转化法、视角转换法、结构调整法、归化法及加注法等翻译技巧。在把句子和文章译成英语时，需要合理使用合句法、分句法、变序法等技巧，灵活处理句子结构，使句子表达符合欧美人的说话习惯，同时使句子逻辑清晰严密，突出主题思想。译者唯有掌握了上述技巧，凭借良好的英语语言基础包括句法和语法的概念，再加上丰富的英语词汇量，才能自如地进行难度较高的汉译英翻译活动。

第一篇 英语翻译研究

第四节　英语的语篇翻译

"翻译既是外语教学的培养目标，又是外语教学的有效手段。通过翻译教学，可以培养学生的综合应用语言的能力。"① 在英语教学中，句子是语法分析的理想单位，但在运用语言进行实际交往中，语言的基本单位则是语篇。语篇是由句子组建而成的，它是人们运用语言符号进行交往的意义单位，故可长可短。一部长篇小说是一个语篇，一个句子或短语，甚至一个词，都能构成语篇。因此，译者一定要把握好对语篇的翻译。

语篇是高于句子的语言层面，能够独立完成某种特定交际功能的语言单位。语篇是语言结构和翻译的最大单位。语篇可以对话（dialogue）形式出现，也可以独白（monologue）形式出现；可以是众人随意交谈，也可以是挖空心思的诗作或精心布局的小说或故事。但是，需要注意的是，语篇并不一定就是一大段话，只要是表达了一个完整的意思，那么一个词语也可以称为"语篇"。

一、英汉语篇的基本结构

语篇结构是某一特定文化中组句成篇的特定方式，是一种约定俗成的、相对稳定的语言使用习惯，是文化因素在语言运用过程中长期积淀的结果。语篇是由段落组成的，段落是由句子组成的。语篇要求内容一致、意义连贯，要求用有效的手段将句子、句群、段落连成一个有机的整体。

与句子相比，篇章具有自己的特点。它不是一连串孤立句子的简单组合，而是一个语义上的整体。从语言形式上看，篇内各句、段之间存在着粘连性，如连接、替代、省略、照应；从语义逻辑上看，全篇通常有首有尾，各句段所反映的概念或命题具有连续性，而不是各不相关。每个句子都起着一定的承前启后的作用，句与句、段与段的排列一般符合逻辑顺序。

（一）英语语篇的结构

英语语篇一般是由几个相互关联的段落组成的，每段阐述一个要点。文章结构具有系统性、严密性的特点。一篇结构完整、脉络清晰的文章应具有三个主要的组成部分：引言段、正文和结尾段。

---

① 冯良亮. 论翻译教学与大学英语综合应用能力培养的关系：基于语篇翻译的视角 [J]. 校园英语（中旬），2016（5）：74.

第一，引言段。引言段位于文章的开头，其最基本的作用是引导读者阅读文章的其余部分。引言在全篇文章中所占的比例较小，用于说明文章讨论的是哪些问题，将要谈哪些问题等。引言段一般包括两部分：概括性的阐述和主题的阐述。概括性的阐述是指引出文章的主题，简要提供有关主题的背景信息，以引起读者的注意，便于读者了解文章论题的由来，对文章的意图和意义产生兴趣。文章主题的阐述就像段落的主题句一样，阐明文章的主题。它包含了正文具体论述扩充的内容，同时也表明作者的态度、意见、观点。与段落主题句相比，主题的阐述更为宽泛，它表达整篇文章的中心思想，并可能表明整篇文章的组织构思方法。主题阐述常位于引言段的结尾处。

第二，正文。文章的正文也称"主体"，是文章的核心，位于引言段之后。正文一般由一个或多个段落组成，在文中占较大篇幅。作者在正文的写作中围绕引言部分所提出的主题选用相关细节和事实依据说明和解释主题并深化主题，使主题思想得到升华。主题一般由若干个次主题组成，每个段落阐述一个次主题，所以正文中段落的数目一般由次主题的数目决定。正文部分实际上就是通过对次主题的逐一论证达到对主题的论证的。正文部分的逻辑性，如正文内容的安排顺序和层序等，都是依据主题对各个次主题的统率，次主题对事实、数据、细节地统率体现出来的。

第三，结尾段。结尾段位于文章的末尾，是整篇文章不可缺少的组成部分，是要点总结。它总结归纳文章正文阐述的观点，并重申主题，与引言段首尾呼应。由于这是作者展示论点的最后机会，因此结尾段应该警示有力而又耐人寻味。

英语语篇思维模式的特点是：先总括，后细节；先抽象，后具体；先综合，后分析。作者往往直截了当地声明论点，然后逐渐地、有层次地展开阐述，非常注重组织、注重理性，主从层次井然扣接，句子组织环扣盘结。

（二）汉语语篇的结构

汉语语篇的思维模式既包括英语语篇的思维模式，又具有自己的独到之处。总体而言，它是比较灵活的，其论点的提出取决于文章思路的安排，也就是说，可根据文章的内容、性质和论证的方式与方法等因素在最恰当的地方提出论点。根据论点在文章中的位置，汉语语篇模式可分为文首点题、文中点题和文尾点题等。

二、英语语篇分析的运用

语篇分析是美国语言学家哈里斯于 1952 年提出来的一个术语，后来被广泛用于社会语言学、语言哲学、语用学、符号学、语篇语言学等领域。自从翻译界将"语篇分析"这个语言学研究的成果嫁接到翻译学科，翻译界对"上下文"的认识有了一个飞跃，从感性上升到理性，从经验上升到理论。掌握了"语篇分析"理论，译者就能在跋涉译林时，既看到树木，也看到整片森林；就能将原文的词、句、段置于语篇的整体中去理解、去翻译。这样，译文的整体质量就有了很大的提高。语篇分析的基本内容包括衔接手段、连贯、影响语篇连贯的因素，其中对译者而言，最为重要的是衔接与连贯。

句子或句群不是杂乱无章地堆砌在一起构成段落与篇章，反之，它们总是依照话题之间的连贯性和话题展开的可能性有规律地从一个话题过渡到另一个话题的。篇章的存在要求其外在形式和内在逻辑，即衔接和连贯具有一致性。作为语言实体，段落与篇章在语义上必须是连贯的，而连贯性在很大程度上需要靠语内衔接来实现。连贯是首要的，衔接要为连贯服务。翻译工作者为了使译文准确、通顺，就必须处理好衔接与连贯的问题。在英译汉实践中，译者应该首先吃透原文，了解作者怎样运用衔接手段来达到连贯目的，然后根据英汉两种语言在形式与逻辑表达上的差别通权达变。

（一）语篇的衔接

衔接是篇章语言学的重要术语，是语段、语篇的重要特征，也是语篇翻译中的一个重要环节。衔接的优劣，关系到话语题旨或信息是否被读者理解和接受。所谓语篇衔接，就是使用一定的语言手段，使一段话中各部分在语法或词汇方面有联系，使句与句之间在词法和句法上联系起来。

句组中的各个句子之间、句组与句组之间需用不同的衔接手段来体现语篇结构上的黏着性和意义上的连贯性。语篇的衔接手段大体可分为词汇手段、语法手段两大类。

1. 利用词汇衔接

语篇的连贯可以通过词汇衔接手段予以实现。韩礼德和哈桑认为，英语词汇衔接关系可分为两类：同现关系（collocation）和复现关系（reiteration）。此外，运用逻辑连接法也可实现语篇的连贯。

（1）词语之间的同现关系。同现关系指的是词语在语篇中同时出现的倾向性或可能性。一些属于同一个"词汇套"（lexical set）或同一个"词汇链"（lexical chain）的词常常一起出现在语篇中，衔接上下文。例如"thirsty"一词常会使人们联想到 drink、water、soda water、mineral water、tea、coffee、coke、beer 等词，这些词可能会在语篇中同时与"thirsty"一词出现。除了这种词之外，反义词也常用来构成词语之间的同现关系。反义词的两极之间可以存在表示不同程度或性质的词语，如在 hot 和 cold 之间尚有 warm、tepid、lukewarm、cool 等词。

（2）词语之间的复现关系。复现关系主要是通过反复使用关键词、同义词、近义词、上义词、下义同、概括同等手段体现的。词语的不同复现手段往往能显示不同的文体或风格特征。

（3）运用逻辑连接语。逻辑连接语（logical connectors）指的是表示各种逻辑意义的词、短语或分句，包括五个方面：①表示句子之间（含句组之间）的时间关系（temporal relation）的逻辑连接语；②表示句子之间的因果和推论关系（causal/inferential relation）的逻辑连接语，如 consequently、so、otherwise、then、hence、because、BS a result、for this reason、in that case 等；③表示附加关系（additive relation）的逻辑连接语，如 by the way、in other words、for instance、likewise、similarly、and、or 等；④表示句子之间的转折和对比关系（adversative/contrastive relation）的逻辑连接语，如 however、but、yet、never the less、in fact、in any case、on the contrary 等；⑤表示位置（location）、方向（direction）和地点（location）等意义的逻辑连接语，如 over、here、there、under、above、down、up、nearby、further、beyond、beneath、adjacent to、close to、near to、next to、in front of。

2. 利用语法衔接

句子或句组之间的衔接可以通过语法手段予以实现。其中较为常见的语法手段有以下方面。

（1）动词的时、体变化。动词的时和体可以在句子中起到衔接的作用。

例 1：The boy stopped running. He saw his mother.

译文：那个男孩停止跑动，他看到了他的母亲。

例 2：The boy stopped running. He had seen his mother.

译文：那个男孩停止跑动，因为他看了他的母亲。

从动词的时、体变化角度可看出，例 1 中的两句之间，存在动作发生的时间顺序关系，而例 2 中的两句之间既存在着动作发生的时间顺序关系，又存在着因果关系。

（2）照应手段。照应指的是词语与其所指对象之间的关系。在语篇中，如果对于一个词语的解释不能从词语本身获得，而必须从该词语所指的对象中寻求答案，就产生了照应关系。因此，照应是一种语义关系，是表示语义关系的一种语法手段，也是帮助语篇实现其结构上的衔接和语义上的连贯的一种主要手段。照应关系可分为两种类型：语内照应和语外照应。语内照应又可分为两种情况：一种是"上指"（亦称"反指"），即用一个词或词组替代上文中提到的另一个词或词组；另一种是"下指"（亦称"预指"），即用一个词或短语来指下文中即将出现的另一个词、短语乃至句子。语外照应是指在语篇中找不到所指对象的照应关系。

（3）替代。替代是一种既可避免重复又能连接上下文的手段，指的是用代替形式来取代上文中的某一成分。替代是一种语法关系，与照应表达对等关系不同，它表达的是一种同类关系。在语篇中，替代形式的意义必须从所替代的成分那里去查找，因而替代是一种重要的衔接语篇的手段。替代可分为名词性替代、动词性替代和分句性替代等多种形式。与英语相比，汉语中替代手段使用的频率较低，汉语往往使用原词复现的方式来达到语篇的衔接与连贯。英语可以用代词 so、do、do the same 等替代形式来替代与上文重复的成分，形成衔接。但是汉语没有类似的替代形式，通常需要用词义重复来连接。因此，译者在翻译时应注意英、汉语的不同表达习惯。

（4）省略。省略指的是把语言结构中的某个成分省去不提。句中的省略成分通常都可以从语境中找到，这样句与句之间就形成了连接关系。同替代一样，省略的使用也是为了避免重复，突出主要信息，衔接上下文。作为一种修辞方式，它符合语言使用的经济原则。省略可看作一种特殊的替代——零替代。省略是一种重要的语篇衔接手段。省略也可分为名词性省略、动词性省略和分句性省略。相比较而言，英语的省略现象比汉语要多一些。因为英语的省略多数伴随着形态或形式上的标记，不容易引起歧义。

（5）连接。连接是表示各种逻辑意义的连接手段，连接词又称"逻辑联系语"。连接词既可以是连词，也可以是具有连接意义的副词、介词及短语，还可以是分句。连接关系是通过连接词以及一些副词或词组实现的。连接词在语篇中具有专业化的衔接功能，表明了句子间的语义关系，甚至通过前句可从逻辑上预见后句的语义。通过使用各种连接词语，句子间的语义逻辑关系可以明确表示出来。

语篇中的连接成分是具有明确含义的词语。通过这类连接性词语，人们可以了解句子之间的语义联系，并且可以根据前句预见后续句的语义。韩礼德将英语的连接词语按其功能分为四种类型，即添加、递进，转折，因果，时序。这四种连接词的类型可分别由 and、but、so、then 这四个简单连词来表达，它们以简单的形态代表这四种关系。

（二）语篇的连贯

语篇既然是语义单位，那么能够称作"语篇"的语言实体必须在语义上是连贯的。语义连贯是构成话语的重要标志。衔接是通过词汇或语法手段使文脉贯通，而连贯是指以信息发出者和接受者双方共同了解的情景为基础，通过逻辑推理来达到语义的连贯。如果说衔接是篇章的有形网络，那么连贯则是篇章的无形网络。译者只有理解看似相互独立、实为相互照应的句内、句间或段间关系并加以充分表达，才能传达原作的题旨和功能。

语篇中句子的排列如果违反逻辑就会对句与句之间语义的连贯产生影响。有时候，说话的前提以及发话者、受话者之间的共有知识也会影响到语义的连贯。诗篇的连贯性主要取决于读者的联想和想象。

（三）衔接与连贯的关联

在进行英汉段落与篇章翻译时，语篇的"衔接"与"连贯"是必须考虑的两大要素。

衔接是一个语义概念，它是存在于语篇中的，并使语篇得以存在的语言成分之间的语义关系。衔接是语言机制的一部分，它的作用在于运用照应、省略、替代、连接和词汇衔接等手段使各个语言成分成为整体。语篇衔接手段主要有语法衔接和词汇衔接。在语篇中，语法手段的使用可以起到连句成篇的作用。语篇衔接手段能使语篇结构紧密，逻辑清晰，更好地实现语义的连贯。

连贯是篇章体现为一个整体而不是一串不相关语句的堆砌。连贯对于篇章是一个有意义的整体，而非无意义堆砌的一种感觉。衔接是一种篇章特点，连贯是一个读者对于篇章方面的评价。语篇的连贯性应该经受住对语句的语义连接及语用环境的逻辑推理，所以语篇连贯不仅包括语篇内部意义的衔接，还包括语篇与语境的衔接。连贯语篇的基本标准是其意义形成一个整体，并与语境相关联。

衔接是客观的，从理论上讲能够被轻易识别；而连贯是主观的，对篇章中连贯程度的评价将因读者不同而不同。衔接的前提是思维的逻辑性、连贯性，而连贯是交际成功的重要保证。衔接是篇章的外在形式，连贯是篇章的内在逻辑联系。衔接是语篇的有形网络，是语篇表层结构形式之间的语义关系；连贯是语篇的无形网络，是语篇深层的语义或功能连接关系。

第二章 英语翻译的具体方法

第一节 直译法与意译法

"翻译是学习和熟练掌握外语的重要途径，也是学习外语的主要目的之一。因此，翻译教学是大学英语教学的一个重要组成部分。"[①] 下面就英语翻译的直译法与意译法进行分析。

一、英语翻译的直译法

所谓直译，是指译文仍然采用原文的表现手段，句子结构和语序不做调整或不做大的调整，"它是以句子为单位，尽量保持原文的语言结构、形式，以及隐喻等，有助于表现原文的形象、思维、语言趣味"[②]。

（一）直译法的特征

直译有以下翻译特征。

第一，忠于原文内容。

第二，忠于原文形式，要求在保持原文内容的前提下，力求使译文与原文在选词用字、句法结构、形象比喻及风格特征等方面尽可能趋同（无限接近）。

第三，通顺的译文形式。

（二）直译法的运用

1. 习语的直译

crocodile tears 鳄鱼的眼泪

fish in troubled waters 浑水摸鱼

---

① 石雏凤 . 浅谈大学英语翻译教学之文化篇 ［J］. 大观周刊, 2013（14）：119.

② 周婷 . 大学英语翻译技巧与实践教程 ［M］. 武汉：华中科技大学出版社, 2017：6.

chain reaction 连锁反应

special economic zone 经济特区

green food 绿色食品

2. 句子的直译

例 1： I would draw a further conclusion, which I believe is central to assessing Chirm's future place in the world economy.

直译： 我想进一步得出结论，我认为这个结论对于评估中国今后在世界经济中的地位是至关重要的。

例 2： Pie is said to be a rough diamond.

直译： 人们说他是浑金璞玉。

例 3： Smashing a mirror is no way to make an ugly person beautiful, nor is it a way to make social problems evaporate.

直译： 砸镜子并不能使丑八怪变漂亮，也不能使社会问题烟消云散。

例 4： He walked at the head of the funeral procession, and every now and then wiped his crocodile tears with a big handkerchief.

直译： 他走在送葬队伍的前头，还不时用一条大手绢抹去那鳄鱼的眼泪。

总而言之，直译有其自身的优势。直译不仅能保持原作的特点，而且还可使读者逐步接受原作的文学风格，促进语言的多样性，丰富目的语的语言形式，以利跨文化沟通与交流。

二、英语翻译的意译法

意译就是只保持原文内容、不保持原文形式的翻译方法。译文的语言与原文的语言在许多情况下，并不能用同样的表达形式来体现同样的内容，更谈不上产生同样的效果。

意译把忠于原文内容放在第一位，把通顺的译文形式放在第二位，要求在保持原文内容的前提下，力求使译文在选词用字、句法结构、形象比喻及风格特征等方面尽可能符合译入语读者的阅读习惯和审美心理。意译把忠于原文形式放在第三位。

意译的功能围绕"效果"，译者可以对原文的词句顺序、逻辑关系、修辞手段等进行调整和变通，使译文地道、流畅，符合译入语读者的阅读习惯，更好地传达原文的艺术效果。

从跨文化语言交际和文化交流的角度来看，意译强调的是译语文化体系和原语文化体系的相对独立性。意译更能够体现出本族的语言特征，如习语、诗词、成语等的翻译，常常通过意译来达到"信、达、雅"。

第二节　增译法与减译法

一、英语翻译的增译法

由于英汉两种语言文字之间存在巨大差异，在翻译过程中很难做到字、词、句上完全对等。因此，为了准确地传达出原文的信息，往往需要对译文进行增译。

所谓增译，就是在原文的基础上添加必要的单词、词组、分句或完整句，从而使译文在句法和语言形式上符合目的语的习惯，并使译文在文化背景、词语联想方面与原文保持一致，以达到译文与原文在内容、形式和精神方面对等的目的。

当然，增译法并不意味着译者可以随心所欲，而必须遵守一条基本原则，即增加那些在句法上、语义上或修辞上必不可少的词语，也就是增加原文字面虽未出现，却为其实际内容所包含的词语。增译法的运用主要包括句法上的增译、意义和修辞上的增译。

(一) 句法上的增译

第一，增补原文句子中所省略的动词。

例 1：Reading makes a full man; conference a ready man; writing an exact man.

译文：读书使人充实，讨论使人机智，写作使人准确。

例 2：We don't retreat; we never have and never will.

译文：我们不后退，我们从没有后退过，将来也决不后退。

第二，增补原文比较句中的省略部分。

例 3：The footmen were as ready to serve her as they were their own mistress.

译文：仆人们愿意服侍她，就像愿意服侍他们的女主人一样。

例 4：Better be wise by the defeat of others than by your own.

译文：从别人的失败中吸取教训比从自己的失败中吸取教训更好。

由于英汉两种语言在词汇和句法等方面的差异显著，翻译时需采用各种弥合手段，其中增译法便是行之有效的手段之一。一对一地逐词翻译往往会使译文生硬晦涩，有时甚至背离原文意思，采用增译法则可以使译文自然通畅、完整贴切。

增译法往往是译者在推敲译文或校对译文的过程中进行的，可见这类调整与译者的母语语感很有关系。从本质上说，这是一个译文的可读性问题（readability），其关键在于求得译文与原文在深层结构上对应，而不求双语在词语形式上机械对应。总而言之，通过增译，一是保证译文语法结构完整；二是保证译文意思明确。

（二）意义与修辞上的增译

英汉互译时，有时有必要增加合适的动词、形容词或副词等，使译文意义明确，流畅自然

第一，增加动词。由于意义上的需要及英汉语言上的差异，英语中重复用词的情况较少，而汉语有时为了达到一定的修辞效果，经常使用重叠句或排比句，翻译成汉语时需要在名词前增加动词。

第二，增加形容词。为使译文读起来顺畅自然，清晰达意，有时候也会根据原文的意思，在译文中增加一定的形容词。

第三，增加副词。根据原文的上下文，有些动词在一定的场合可增加适当的副词，以确切表达原意。

第四，增加表示复数的词。汉语名词的复数没有词形变化，很多情况下不必表达出来，但有时需要通过增加"们、各位、诸位"、增加数词或者特殊方式的"叠词"来表达原文的复数意义。

第五，增加表达时态的词。由于英汉语言的差异，英语动词随时态的变化而变化，而汉语动词没有词形变化，但有时为了表达需要，英汉翻译时有必要增加一些表示时态的词。

第六，增加语气词。汉语中的语气词很多，在翻译时，需要在准确理解原文意义和修辞色彩的基础上增加适当的语气词。

第七，增加量词。英语中数词与可数名词直接连用，他们之间没有量词，而汉语必须借助量词，因此，翻译时需要增加量词。

第八，增加概括词。有时候把英语翻译成汉语时，需要把句中的连词省略掉而增加概括词。

第九，增加承上启下的词。在翻译时，特别是进行语篇翻译时，更需要目的语的连贯性，以准确表达原文意义，这就需要增加适当的词以起承上启下的作用。

二、英语翻译的减译法

所谓减译法，即指在翻译过程中为了使译文简明、准确，而省去一些词或短语。英汉翻译中常常会省略一些介词、冠词、名词和连词等，这些词在原文中是必需的，而在译文中却可有可无。

减译是翻译中一种比较常见的现象，它符合语言使用的经济原则，即人们在交际中尽

量使用比较少的、省力的语言单位来传达较大量的信息。

减译法是基于英汉两种语言的差别。例如，汉语并没有冠词和不定式的标记（infinitive markers），而且代词、连词以及介词在汉语中的运用频率不及英语，所以在进行英汉翻译时，有必要进行减译。总体而言，减译包括修辞方面（Rhetorical Omission）和语法方面（Grammatical Omission）两个部分。

（一）修辞的减译

1. 省略重复的短语或单词

例 1：Instead of one old woman knocking me about and starving me，everybody of all ages knocked me about and starved me.

译文：那时打我、让我挨饿的不只是一个老太婆，而是老老少少各式各样的人。

例 2：Part-time waitress applicants who had worked at a job would receive preference over those who had not.

译文：应聘兼职女招待，有工作经验者优先。

2. 省略不必要的短语及单词

例 1：His younger sister is an actress.

译文：他妹妹是个（女）演员。

例 2：Could you help me in any way?

译文：你能帮帮我吗？

（二）语法的减译

语法层面的减译主要包括以下方面。

1. 形容词的减译

例 1：我们对过去的历史应有所了解。

原译：We should know a little of our past history.

分析：翻译时可以省略 past。

例 2：外贸有了新的发展。

原译：Foreign trade had made fresh progress.

分析：翻译时可以省略 fresh。

2. 副词的减译

例 1：我们一定能够达到目标。

原译：Our goal will certainly be attained.

分析：翻译时可以省略 certainly。

例 2：价格要适当调整。

原译：Prices should be appropriately adjusted.

分析：翻译时可以省略 appropriately。

3. 介词的减译

例 1：我们已经从其他国家有计划、有选择地进口了一些成套设备。

原译：We have imported in a planned and selective way from other countries some complete plants.

分析：翻译时可以省略 from other countries。

例 2：要广泛动员中小学生学习科普知识。

原译：Primary school and high school students should be mobilized on an extensive scale to learn popular science knowledge.

分析：翻译时可以省略 on an extensive scale。

4. 名词的减译

例 1：互相尊重的精神是我们今天文化合作的基础。

原译：The spirit of mutual respect is the basis of our cultural cooperation today.

改译：The frame work of mutual respect sustains our own cultural cooperation today.

例 2：中国是个文明古国，幅员辽阔，面积达 960 多万平方公里。

原译：China is a country with ancient civilization. She has a vast territory and covers an area of 9.6 million square kilometers.

改译：Covering an area of 9.6 million square kilometers and more, China is a country with ancient civilization.

5. 代词的减译

英语代词的使用频率远远高于汉语。因此，英文汉译时往往按照汉语习惯将原文中的一些代词省略。

（1）省略作主语的人称代词。根据汉语习惯，在指代关系明确的情况下，假如前后两句主语相同，就不必重复出现。

（2）省略物主代词。在英语句子里，物主代词出现的频率很高。如果将每个物主代词都翻译出来，那么汉语译文就显得非常啰唆，所以在翻译的时候物主代词大多省略。

6. 动词的减译

在进行翻译时，原文中有些动词在译文中可以省略。

例 1：中国始终是维护世界和平与地区稳定的坚定力量。

译文：China is always a staunch force to maintain world peace and regional stability.

改译：China is always a staunch force for world peace and regional stability.

例 2：我们要努力搞活国有大中型企业。

原译：We should endeavor to invigorate the large and medium-sized state-owned enterprises.

改译：We should invigorate the large and medium-sized state-owned enterprises.

7. 冠词的减译

英语中存在冠词而汉语并没有冠词，英语的冠词往往并不表达具体的词义，所以英译汉时，英语的冠词常常省略。

例 1：A parrot can talk like a man.

译文：鹦鹉会像人一样说话。

例 2：His dinner hour is an inevitable 6：30 p. m.

译文：他总是下午 6 点半吃晚饭。

8. 连词的减译

汉语词语之间连词用得不多，其上下逻辑关系常常是暗含的，由词序来表示。英语则不然，连词用得比较多。因此，英译汉时，在很多情况下不必把连词译出来。

（1）省略并列连词。在并列连词中，比较常见的是省略 and、or、but 和 for。

（2）省略主从连词。主从连词的省略包括：省略表示原因的连词，省略表示条件的连词，省略表示时间的连词。

减译法是指原文中有些词在译文中不译出来，因为译文中虽无其词而已有其意，或者在译文中是不言而喻的。换言之，把一些可有可无的，或者有了反嫌累赘或违背译文语言习惯的词删去，从而使译文简洁，符合汉语的表达习惯。

第三节　转译法与分译法

一、英语翻译的转译法

翻译方法中的转译法也称"转换法"，是指在翻译过程中，由于英汉两种语言在语法和习惯表达上的差异，无法直接用汉语将英语的原意体现出来，在保证原文意思不变的情况下，译文必须将原文做相应的改变。转译法可以将英语词汇的词性转译成不同的汉语词性，还可以将英语原句转译成不同类型的汉语句子。因此，"转译法在英译汉的过程中既可以是词性的转译，又可以是语态或句型的转译"①。

另外，转译法在词性方面，可以把名词转换为代词、形容词、动词等；把动词转换成名词、形容词、副词、介词等；把形容词转换成副词和短语等。在句子成分方面，把主语变成状语、定语、宾语、表语等；把谓语变成主语、定语、表语等；把定语变成状语、主语等；把宾语变成主语或其他成分。在语态方面，可以把主动语态变为被动语态，也可以把被动语态转译为主动语态。

（一）词类的转译

例 1：The growing awareness by millions of Africans of their extremely poor and backward living conditions has prompted them to take resolute measures and create new ones.

原译：数以百万计的非洲人对于他们非常贫穷落后的生活条件的日益觉醒促使他们采取坚决的措施，创造新的生活条件。

改译：数以百万计的非洲人已逐渐意识到，他们的生活状况异常贫穷落后，这就促使他们奋起采取坚决的措施创造新的生活条件。

例 2：He admires the President's stated decision to fight for the job.

译文：他对总统声明为保住其职位而决心奋斗表示钦佩。

从上述两例可以看出，由于英汉两种语言表达方式的差异，在英译汉的过程中，有些句子可以逐词对译，需要根据具体情况适时改变原文的词性，以符合译入语的表达习惯，使译文通达自然。这也是本章着重论述的翻译中的词类转换现象。

归纳而言，词类转译主要涉及以下方面。

1. 动词的转译

汉语动词丰富，句子简洁明了。汉译英时，汉语的动词常可转译为名词、形容词、介词或介词短语等。

（1）动词译成名词。

例 1：Formality has always characterized their relationship.

译文：他们之间的关系，有一个特点，就是以礼相待。

例 2：绝对不许违反这个原则。

译文：No violation of this principle can be tolerated.

---

① 欧阳智英．转译法在英汉翻译中的运用 [J]．文教资料，2017（20）：14．

（2）动词译成形容词。和感官、情感及其他精神状态相关的动词可译成"be+adj..."的结构。

例3：获悉贵国遭受海啸，我们极为关切。

译文：We are deeply concerned at the news that your country has been struck by a tsunami.

例4：他们怀疑他是否能负担得起。

译文：They are doubtful whether he can afford it.

（3）动词译成介词。和汉语相比，英语里介词更多。有些英语介词由动词转化而成，因此具有动词的某些特点。

例5：这台计算机具有很高的灵敏度。

译文：The computer is of high sensitivity.

例6：我们全体赞成他的建议。

译文：We are all for/in favor of his suggestion.

2. 名词的转译

（1）名词译成动词。英语中具有动作意义的名词和由动词派生出来的名词以及某些表示身份特征或职业的名词（如 teacher、singer 等）在句中并不指身份或职业而含有较强的动作意味，英译汉时可译成动词。

例1：The sight and sound of our jet planes filled me with special longing.

译文：看到我们的喷气式飞机，听见隆隆的机声，我特别神往。

例2：An acquaintance of world history is helpful to the study of current affairs.

译文：读一点世界史，对学习时事是有帮助的。

（2）名词译成形容词。

例3：Independent thinking is an absolute necessity in study.

译文：独立思考对学习是绝对必需的。

例4：The security and warmth of the destroyer's sickbay were wonderful.

译文：驱逐舰的病室很安全也很温暖，好极了。

（3）名词译成副词。

例5：It is our great pleasure to note that China has made great progress in econo-my.

译文：我们很高兴地看到，中国的经济已经有了很大发展。

例6：The new mayor earned some appreciation by the courtesy of coming to visit the city poor.

译文：新市长有礼貌地前来访问城市贫民，获得了他们的一些好感。

3. 形容词的转译

（1）形容词译成动词。英语中表示知觉、兴趣等心理状态的形容词，在联系动词后作表语时，往往可译成动词。

例 1：Scientists are confident that all matter is indestructible.

译文：科学家们深信，所有物质都是不灭的。

例 2：Granny Li is very fond of children.

译文：李奶奶很喜欢孩子。

（2）形容词译成名词。

例 3：He was eloquent and elegant，but soft.

译文：他有口才，有风度，但很软弱。

例 4：他对电子计算机的操作是陌生的。

译文：He is a stranger to the operation of the electronic computer.

（3）形容词译成副词。名词译成动词时，修饰名词的形容词可相应地译成副词。

例 5：Occasionally a drizzle came down，and the intermittent flashes of lightning madeus turn apprehensive glances toward Zero.

译文：偶尔下一点毛毛雨，断断续续的闪电使得我们不时忧虑地朝着零区方向望去。

例 6：他跟另一个地勤人员进行了例行的无线电联络。

译文：He routinely radioed another agent on the ground.

4. 副词词类的转译

（1）副词译成动词。

例 1：She opened the window to let fresh air in.

译文：她把窗子打开，让新鲜空气进来。

例 2：Now, I must be away. The time is up.

译文：现在我该离开了，时间已经到了。

（2）副词译成形容词。

例 3：The film impressed me deeply.

译文：这部电影给我留下了深刻的印象。

例 4：他显然属于少数。

译文：He was in a clear minority.

（3）副词译成名词。

例 5：He is physically weak but mentally sound.

译文：他身体虽弱，但智力正常。

例 6：They have not done so well ideologically，however，as organizationally.

译文：但是，他们的思想工作没有他们的组织工作做得好。

（二）句子成分的转译

除了常见的词性转换外，有时候根据需要还有必要将句子成分进行转译。所谓句子成分转换的译法，是指为了使译文通顺流畅，符合目的语的表达习惯，翻译时把句子的某一成分（如主语）译成另一成分（如宾语等）。在多数情况下，词类转译必然导致句子成分的转译。例如，当英语的动词转译为汉语的名词或者副词时，该动词的谓语成分就相应地转译为汉语的主语、宾语或状语等。

句子成分的转译主要包括以下方面。

1. 主语的转译

（1）主语转译为谓语。

例 1：In recent years increasing attention had been paid to the economic benefit in the production of our factory.

译文：近年来，我厂越来越注重生产中的经济效益。

例 2：The following definitions apply to the terms used in this specification.

译文：本说明所用的一些术语定义如下。

（2）主语转化为宾语。

例 3：Much progress has been made in computer science in the last 20 years.

译文：计算机科学在近 20 年内取得了很大的进步。

例 4：Organic compounds are not soluble in water because there is no tendency for water to separate their molecules into ions.

译文：有机化合物不溶于水，因为水没有将它们的分子分离成离子的倾向。

（3）主语转译为状语。有时英语句子中的主语是说明行为的原因、条件、时间等，这个时候就可以考虑将主语翻译成状语（从句）。这种情况多出现在简单句中。

例 5：The world has witnessed different roads to modernization.

译文：世界上已有了不同的现代化道路。

例 6：Bad weather prevented us from going camping last weekend.

译文：上周末因为天气不好，我们没去野营。

（4）主语转译为定语。如果主语和宾语之间的关系密切，或宾语本身就是主语的一部分，译成汉语时，为使译文符合汉语的表达习惯，往往把原文的主语转换为定语。

例 7：Without air, the earth would undergo extreme changes in temperature.

译文：没有空气，地球的温度会发生极大的变化。

例 8：The human body has a very complex organization.

译文：人体的构造非常复杂。

分析：如果翻译成"人体有一个非常复杂的构造"，虽然保留了原文相应的句子成分，但译文读起来就有翻译腔。

2. 谓语的转译

谓语动词转译成名词，并且在句子中充当主语成分。

例 1：Neutrons act differently from protons.

译文：中子的作用不同于质子。

例 2：Water with salt conducts electricity very well.

译文：盐水的导电性能良好。

3. 宾语的转译

（1）宾语转译为主语。

例 1：Take it easy. A cup of hot coffee will make you feel better.

译文：放松点，你喝杯热咖啡就会感觉好些的。

（2）宾语转译为谓语。

例 2：Before graduation we should make full use of the time left to arm ourselves with more knowledge.

译文：在毕业前，我们应当充分利用剩下的时间，用更多的知识来武装自己。

4. 状语的转译

（1）状语转译为主语。

例 1：We know that oxygen is necessary for the breathing of animals and plants and for burning.

译文：我们知道，动植物呼吸和燃烧都需要氧气。

（2）状语转译为定语。

例 2：The weather is warm and sunny here.

译文：这里的气候温和，阳光充沛。

例 3：Cheating in school also tends to ebb and flow. But it doesn't seem linked to the economy.

译文：学校中的作弊现象也往往有涨有落，但这似乎跟经济没有什么联系。

（3）状语转译为补语。

例 4：Jefferson died on July 4，1826.

译文：杰斐逊死于 1826 年 7 月 4 日。

5. 定语的转译

（1）定语转译为谓语。将定语转译为谓语通常是为了突出定语所表达的内容。

例 1：There is a large amount of energy wasted due to friction.

译文：由于摩擦而损耗了大量的能量。

（2）定语转译为"是"的宾语。同转译为谓语情况一样，转译为"是"的宾语也多半是为了突出其表达的内容。

例 2：The earth was formed from the same kind of materials that makes up the sun.

译文：构成地球的物质与构成太阳的物质是相同的。

（3）定语转译为状语。

例 3：We should have a firm grasp of the fundamentals of computer science.

译文：我们应该牢固掌握计算机科学的基本知识。

例 4：The young man cast impatient glances at the old man.

译文：年轻人不耐烦地看了看那位老人。

总而言之，在英译汉时，经常需要转换句子成分，从而使译文逻辑正确，通顺流畅，重点突出。句子成分转译的内容和形式都比较丰富，运用范围也相当广泛，是翻译的重要方法与技巧，读者需要掌握。

（三）语态的转译

语态是表明句子中谓语与主语之间关系的一种语法手段。相比于汉语，英语中被动语态使用范围大、频率高。根据两种语言的习惯，在英汉翻译时，英语被动句大部分情况下需要进行语态转译。一般来说，有以下转译情况。

1. 转译为主动句

英语和汉语都有被动语态，但两种文字对被动语态的运用却不尽相同。同一个意思，英语习惯用被动语态表达，汉语却往往要用主动语态。因此，在翻译英语的被动语态时，将之转译为汉语的主动句便成为常用的翻译手段。一般而言，在被动转译为主动时，可以通过以下几种途径进行：原文中的主语在译文中仍然作主语；原文中的主语在译文中作宾语；译为"是……"的主动句；含主语从句的被动句型译为主动句。

（1）原文中的主语在译文中仍作主语。

例 1：Most of the questions have been settled satisfactorily; only a few questions of secondary importance remain to be discussed.

译文：大部分问题已经圆满地解决了，只剩下几个次要问题需要讨论。

例2：Here, hold the baby while I fix her blanket. It's all pulled out.

译文：来，抱着孩子，我把毯子弄好，全都拉散了。

（2）原文中的主语在译文中作宾语。

例3：It has to be pointed out that one and the same word may have different meanings in different branches of science and technique.

译文：必须指出：同一个词在不同的学科和专业中可以有不同的含义。

例4：Even when the pressure stays the same, great changes in air density are caused by changes in temperature.

译文：即使压力不变，气温的变化也能引起空气密度的巨大变化。

（3）译为"是……"的主动句。

例5：Rainbows are formed when sunlight passes through small drops of water in the sky.

译文：彩虹是阳光穿过空气中的小水滴时形成的。

例6：The result of the invention of the stream engine was that human power was replaced by mechanical power.

译义：蒸汽机发明的结果是，机械力代替了人力。

（4）含主语从句的被动句型译为主动句。以 it 作形式主语的英语句子，翻译时常要转为主动形式，有时可加上"有人""大家""我们"等不确定主语。

例7：It is reported that the enemy has been breeding new strains of killer viruses.

译文：据报道敌人正在培育新的杀人病毒。

例8：It is suggested that the meeting be put off till next Monday.

译文：有人建议会议推迟到下星期一举行。

2. 转译为无主句

在翻译中，译者可以将英语的被动语态转化为一个没有主语或省略主语的中文句子。此外，还可以使用带有因果关系的"把""将"或"使"的中文"处置式"来表达。

例1：The mechanical energy can be changed back into electrical energy by a generator.

译文：利用发电机，可以将机械能再转变成电能。

例2：The students should be enabled to develop morally, intellectually and physically in an all-round way.

译文：必须使学生在德育、智育、体育方面得到全面发展。

例 3：The unpleasant noise must be immediately put to an end.

译文：必须立即停止这种讨厌的噪声。

例 4：Measures have been taken to prevent the epidemic from spreading quickly.

译文：已经采取了措施来防止这种流行病迅速蔓延。

例 5：Water can be shown as containing impurities.

译文：可以证明，水含有杂质。

3. 转译为因果关系的句子

by 后面如果是没有生命的事物，有时，就不是一般意义上的施予者，而是表示一个原因，翻译时可以用"由于、因此"等词带出。

例 1：Do not let yourself be discouraged or embittered by smallness of the success that you are likely to achieve in trying to make life better.

译文：不要因为你为改善生活所做的努力只取得小小的成功而气馁或伤心。

例 2：Even the coastal trades were curtailed by a lack of vessels，by blockades and by war time freight rates.

译文：甚至沿海地区的贸易也由于缺少船只，海上封锁，以及战时的高昂运费而缩减。

综上所述，在翻译时，英语被动句多数情况下应该转译成汉语的主动句，只有在特别强调被动动作或特别突出被动句时才译成汉语被动句。在实际的语段翻译中，被动语态的翻译要求对以上种种方法进行综合的、灵活的运用，这是自不待言的。我们要挑选一种既符合汉语习惯，又保持上下文连贯的译法。同时，既要注意语态转换的一般规则，也要注意其例外情况。

二、英语翻译的分译法

所谓分译就是指根据汉语的句法特点，把英语的句子分解成两个或两个以上的单位，以求译文在正确传达原文的思想内容的前提下更加明确。

（一）单词分译

单词分译是指把原文中的一个单词拆译成一个小句或者句子。采用单词分译主要有两个目的：一是句法上的需要；二是修饰上的需要。这类分译可以细分为以下类型。

1. 单词词义的分译

英语有些单词的语义呈综合型，即一个词内集合了几个语义成分。进行汉译时，很难将其词义一下全部表达出来。这种情况下，便可以采取单词词义分译法。

例 1： The town boasts a beautiful lake.

译文： 镇上有个美丽的湖，人人以此为豪。（动词）

例 2： We recognize that China's long-term modernization program understandably and necessarilyemphasizes economic growth.

译文： 我们认识到，中国的长期现代化计划以发展经济为重点，这是可以理解的，也是必要的。（副词）

2. 单词搭配的分译

英语中有些词语间的搭配关系，汉译时要打破原文的结构，按照汉语习惯，将有关词语分别译出。

例 1： She treated that lady with every demonstration of cool respect.

译文： 她对待那位夫人不冷不热，不错规矩。

例 2： His wealth enables him to do everything.

译文： 他有钱，什么事都能干。

3. 灵活对等的分译

英语中有些单词，如果按其在句中的位置机械地译成汉语，往往意义不够明确，遇到这类情况，译者不应该拘泥于原文形式，而应采用灵活对等分译法来处理。

例： Thus it was that our little romantic friend formed visions of the future for herself.

译文： 我们的小朋友一脑袋幻想，憧憬着美丽的未来。

分析： 如果逐字译成"我们浪漫的小朋友憧憬着未来"，并不能算错，但意思却不甚明了，因为"浪漫"一词在汉语里含意较多。此处为"想入非非"，所以分译成"一脑袋幻想"较为明确。这既突出了人物性格，又避免了翻译腔。

（二）短语分译

1. 名词短语的分译

例 1： I wrote four books in the first three years，a record never touched before.

译文： 我头三年写了四本书，这打破了以往的纪录。

例 2： Invitingly green Angel Island，once a military installation，contains meandering trails and picnic spots ideal for a day's excursion.

译文：迷人的天使岛郁郁葱葱，小径蜿蜒，是一日游的理想野餐场所，但在过去它却是一个军事基地。

2. 分词短语的分译

例 1：He didn't remember his father leaving home when he was only 3 years old.

译文：他三岁时父亲就离家出走了，因此他不记得父亲。

例 2：She sat with her hands cupping her chin，staring at a corner of the little kitchen.

译文：她坐在那儿双手托着下巴，眼睛凝视着小厨房的一角。

3. 介词短语的分译

例 1：They were very frank and candid with each other in a relaxed way.

译文：他们相互十分坦率，而且直言不讳，但气氛却十分轻松。

例 2：Their power increased with their number.

译文：他们人数增加了，力量也随之增强。

（三）句子分译

1. 简单句的分译

简单句的分译要根据具体情况，灵活处理。

例 1：Daybreak comes with thick mist and drizzle.

译文：黎明时分，大雾弥漫，细雨蒙蒙。

例 2：A peasant and his family were working in a little field beneath the singing larks.

译文：农夫一家人正在一小块地里干活，头顶上云雀在唱歌。

2. 并列句的分译

并列句常常在分句连接处加以切分，译成两个或两个以上的句子。

例：I sat with his wife in their living room，looking out the glass doors to the backyards，and there was Allen? spool，still covered with black plastic that had been stretched across it for winter.

译文：我跟他妻子一起坐在他们家的起居室里，望着玻璃门外的后院。后院里有阿伦的游泳池，上面还盖着过冬时铺上去的黑色塑料棚。

3. 主从复合句的分译

英语主从复合句汉译时常在分句连接处加以切分，分译成两个或两个以上的句子。

例 1：A bankable actor is one with whose name a producer can raise enough money to make a film.

译文：所谓"摇钱树"的演员就是指这样一种演员：制片人只需抬出其大名来就可以筹措到足够摄制一部影片的经费。

例 2：Progress includes the involvement of younger researchers whose interest arose from exploration and field experience.

译文：受探险和野外经历的激发，出现了一批更加年轻的研究者。

4. 长句的分译

英语中有的单句不亚于复句，较长，也较复杂，不使用翻译技巧很难把它们译好。这类长句往往含若干短语和其他修饰语，汉译时宜采取"化整为零"的办法，把其中意思相对独立的尽量译成汉语分句，并按意思或用语法手段把它们组织起来。这样，译文就会层次清楚，语句简洁。

例 1：Care shall be taken at all times to protect the instrument from dust and damp.

译文：应经常注意保护仪器，勿使沾染尘土，勿使受潮。

分析：把不定式 to protect 译成两个分句。

例 2：Those who had before known her, and had expected to behold her dimmed andobscured by a disastrous cloud, were astonished, and even startled, to perceive how her beauty shone out, and made a halo of the misfortune and ignominy in which she was enveloped.

译文：那些本来就认识她的人，原先满以为她经历过这一磨难，会黯然失色，结果却让人惊得发呆。因为他们所看到的，是她焕发的美丽，竟把笼罩着她的不幸和耻辱凝成一轮光环。

分析：拆成因果句。

总而言之，英汉两种语言之间存在很大差异。在进行英汉翻译时，译者必须灵活使用不同的翻译技巧与方法。在众多的翻译技巧和方法中，分译法是改变原文句子结构的重要变通办法。分译法不仅可用于拆译长句，还可以用来拆译单句或短语，甚至可以用来拆译单词。另外，分译时，精心安排译文的语序是很要紧的，其具体做法可归纳为四个字：顺、逆、抽、调。

第四节 倒置法与重组法

一、英语翻译的倒置法

所谓倒置法，即为了遵从目的语的表达习惯，翻译时有必要对原文的词序进行适当调整。这既包括词组或短语中的词序倒置，也包括句子中修饰成分的倒置，还包括句子结构的倒置。

（一）英语词组或短语中词序的倒置

词序调整在词组或短语的英汉互译中是非常普遍的。

tough-minded 意志坚强的

heart-warming 暖人心的

well-conducted 行为端正的

East China 华东

Northeast 东北

southwest 西南

sooner or later 早晚

loss and gain 得失

by twos and threes 三三两两

to and fro，back and forth 来来回回

例 1：She had such a kindly, smiling, tender, gentle, generous heart of her own.

译文：她心地厚道，为人乐观，性情温柔，待人和蔼，气量又大。（倒置前置定语）

分析：原文中用五个形容词来修饰 heart，译文对 heart 和五个形容词的位置进行了互换，这种倒置更符合汉语的表达习惯。

例 2：We Study hard in the classroom every day.

译文：我们每天在教室努力学习。（状语词序倒置）

（二）英语句子修饰成分的倒置

1. 定语从句位置倒置

在汉语中，定语修饰语和状语修饰语往往位于被修饰语之前；在英语中，许多修饰语

常常位于被修饰语之后，因此翻译时往往要把原文的语序颠倒过来。倒置法通常用于英译汉，有时也用于汉译英。

例 1：We could not really feel satisfied，calm or in agreement with the situation with which we are faced at the beginning of this session of the General Assembly.

译文：我们对本届联合国大会开始时所面临的局势难以感到满意，也难以感到心安理得。

例 2：Bernard Shaw was a well-known English playwright，who wrote many plays.

译文：萧伯纳写过许多剧本，是英国的一位著名剧作家。

例 3：At once the sky grew dark，and the ground opened up near the spot where they were standing.（Aladdin and the Wonderful Lamp）

译文：顿时天昏地黑，他们所站的地方附近的地皮裂开了。

例 4：他就是那个告诉我这个消息的人。

译文：He is the man who told me the news.

例 5：我永远忘不了我们第一次见面的那一天。

译文：I shall never forget the day when we first met.

2. 状语从句位置倒置

表示方式或结果的英语状语从句，通常位于主句之后；其他表示时间、地点、原因、条件、让步或目的的状语从句可能在于主句之前，也可能置于主句之后；汉语中表示结果的状语也常位于主句之后，但表示时间、地点、原因、条件，让步或目的的状语却常置于主句之前。

例 1：Stormy applause broke forth the moment she appeared on the stage.

译文：她一出现在台上，就爆发出暴雨般的掌声。

例 2：The machine will start as soon as you press the button.

译文：你一按电钮，机器就会开动。

例 3：I'm proud that our country is forging ahead at such a speed.

译文：我国如此突飞猛进，我感到很骄傲。

例 4：We shall discuss the problem fully before we make the decision.

译文：我们在做出决定之前，必须充分讨论该问题。

例 5：**她每天早晨在教学楼前大声朗读。**

译文：reads aloud in front of the teaching building every morning.

（三）英语句子中结构的倒置

就句子结构而言，英语有前轻后重的特征，倾向于先推断或做结论，再叙述或描写。

第一篇 英语翻译研究

这种谓语部分比主语部分要长或复杂的情况，语法学家称之为"尾重型"结构。汉语结构的安排却相反。从逻辑结构上讲，两种语言在句型结构的安排上也存在差异。

因而，在英汉互译时，常常需要进行句子结构的倒置以使译文更符合目的语的表达习惯。例如译者有时需要将英语中表示"结果—原因"的句子结构颠倒成汉语的表示"原因—结果"的表达结构，将英语的"结论—分析"转化为"分析—结论"的表达结构，以及将英语的"假设—前提"转化为汉语的"前提—假设"结构等。这些英汉之间句子结构的转化，其实是倒置翻译法中的一种情况。

总而言之，倒置法是一种与语法、修辞、逻辑、用法、思维方式密切相关的翻译技巧。英汉句子结构和语序上的一些普遍差异，要求译者在翻译的时候有必要重新安排原文的信息。

二、英语翻译的重组法

一般而言，英语长句译成汉语常用原序译法、换序译法和拆分译法，但在翻译实践中，往往不只是单纯地使用一种翻译方法。如果两种语言的表达方式不一致，运用顺译法便会显得牵强、别扭，这时则宜采用重组法。重组法一般用于英译汉，偶尔也用于汉译英。

重组法（recasting）：指在进行英汉互译时，为了使译文流畅和更符合原文叙事伦理的习惯，在弄清原文长句的结构、弄懂原文意义的基础上，彻底摆脱原文的语序和句子形式，对句子进行重新组合。重组一般是以各部分之间的（时间、逻辑）关系为依据的。

具体而言，就是分析原文结构，解读原文意思，然后根据目标语的思维方式和表达习惯重新组织和安排信息，译出原语真正要体现的内容和情感。

第三章　英语的实用翻译教学

第一节　商务英语的翻译

商务英语是英语的一个重要分支，其用英文可以翻译成"Business English"。简单而言，商务英语主要指的是用于世界各国的商务活动中的英语。由此可见，英语一旦与商务活动相联系，那么就会涉及商务英语这一形式。一开始，商务英语的内涵和应用都比较狭窄，只是应用于对外贸易。也正因如此，商务英语有了另一个名称，即外贸英语。在全球化进程的推动下，商务英语的内涵逐渐丰富，外延逐渐拓宽，同时其应用也十分广泛，如商务英语已经涉及经济、文化、科技、教育等诸多领域。

从商务英语的内涵可以看出，商务英语主要由商务活动和英语两大方面组成。商务英语主要以英语为传播媒介来传播与相关活动相关的内容。因此，商务英语具有普通英语所不具有的特色——商务特色。除此之外，还需要指出的是，商务英语虽然由商务活动和英语共同组成，但并不是两者的简单叠加，而是商务活动与英语的相互作用、相互促进、相互融合的产物。

一、商务英语的翻译标准

（一）"信、达、雅"的标准

"信、达、雅"的翻译标准是由清代翻译家严复提出的，对其的具体解释主要见于《天演论·译例言》中。对"信、达、雅"翻译标准的具体分析如下。

（1）"信"。"信"是这一翻译标准的第一步，其核心就是对原文思想、观点、内容等的忠实。它强调译者对原文的忠实性，即将原文的内涵、内容完整而准确地翻译出来，并强调译者不能对原文的内容进行任务的改动，也不准对原文的内容有任何的遗漏。实际上，译者要想满足"信"，首先要做到的就是对原文进行全面的、准确的理解，如果没有做到这一点，就谈不上达到之后的翻译标准了。

（2）"达"。"达"是这一翻译标准的第二步，也就是在忠于原文的基础上做到译文的通顺和规范。要想做到"达"，译者就要在翻译中避免出现语言晦涩、结构混乱、语句不通等错误。

（3）"雅"。"信"与"达"是在"雅"的基础上实现的，也是这一翻译标准的最高要求。"信""达""雅"实现的过程也就是从易到难的过程。而"雅"主要强调的是，在流畅同时译文具有一定的文采。众所周知，一篇译文的质量与翻译者的翻译水平紧密相关，而译者的翻译水平既包括其英语水平，也包括其汉语水平，更包含译者对原文的理解。"雅"是翻译的最高境界，要想实现"雅"，必须做到两个方面：①译者必须彻底理解原文的思想、观点和内容，并在此基础上对原文进行翻译；②译者在翻译过程中不能将逐个原文词语的翻译拼凑成译文，这样会导致译文的生硬。

上述翻译标准在翻译界产生了很大的影响。同样地，商务英语翻译也受这一翻译标准的影响。在商务英语翻译中，同样需要遵循"信、达、雅"的翻译标准，即商务英语翻译不仅要忠于原则，做到语言的准确和严谨，还要保证商务英语翻译译文的通顺性和易懂性，做到语言的通俗易懂。更为重要的是，还要注意商务英语翻译译文的得体性，商务英语译文应该保持原文的行文风格，尽可能地还原原文，同时译文的语言表达也要与商务文本的语言特色相符。这就是商务英语对"信、达、雅"翻译标准的具体阐述。

（二）"直译"与"意译"的标准

直译和意译在英语翻译中都比较常用。译者必须坚持该直译的地方必须使用直译的方法，而该意译的地方也必须坚持使用意译的方法。

第一，直译。直译简单理解就是对原文"一对一"的翻译。译者采用直译法既可以保持原文的具体形式，又可以保持原文的具体内容。这种方法在英语翻译中比较常见。

第二，意译。意译，也被称为"自由翻译"。由于英汉两种语言在很多方面存在差异，当原文的形式和内容存在一定的矛盾，不能同时兼顾时，译者就不能采用兼顾原文内容和形式的方法——直译法，而需要采用一种注重原文内容，不保留原文形式的方法——意译法。

（三）"功能对等"的标准

"功能对等"的翻译标准主要强调的是功能对等性，该翻译标准的突出代表就是美国翻译家尤金·奈达。"功能对等"的翻译标准在中国翻译中也发挥着不可替代的作用。

同时，"功能对等"的翻译标准主要强调原文与译文在诸多方面的对等，如在信息内容、语言风格、文化内涵等方面实现对等。

"功能对等"的翻译标准在国际商务英语翻译中也起着重要的作用，无论是商务英语还是英语的其他文体，都必须保证原文信息与译文信息的对等。

（四）"语义翻译"与"交际翻译"的标准

"语义翻译"与"交际翻译"标准在英语翻译中也是十分重要的。其提出者是英国翻译家彼特·纽马克（Peter Newmark），具体见于他所编著的《翻译探索》中。这一翻译标准主要由两个部分组成，即语义翻译和交际翻译。

语义翻译是对直译的总结，是对逐字逐词翻译的归纳，更是集忠实翻译的诸多优势的一种翻译方法。

交际翻译是对归化的总结，是对意译的归纳，更是集地道翻译的诸多优势的一种翻译方法。

"语义翻译"与"交际翻译"标准将语义翻译和交际翻译结合起来，更能达到翻译的良好效果。

综上所述，国外和国内都有自己的翻译标准。从整体上来看，不管是国内还是国外的翻译标准都注重翻译信息的对等性。具体而言，国外翻译标准主要注重文体的内容、文体的信息传递、文体的具体形式等；国内翻译标准主要注重文体的忠实性、文体的等值性、文体的内容、文体的传神性等。可见，国内外翻译标准都注重译文是否能够真实地反映原文的内容、思想等。而商务英语是英语的一种常见变体，其涉及内容十分广泛，因此商务英语翻译标准与普通英语翻译标准是有一定区别的，它具有自身独有的特点。也正因如此，商务英语翻译注重信息的对等性，即语义信息、风格信息、文化信息等方面的对等。

二、商务英语的翻译实践

（一）商务合同的翻译

由于英语是一种公认的世界性语言，因此商务文本一般会用英语撰写，对语言表述的要求非常高，在措辞、文本结构、格式等方面必须做到严谨规范。因此，翻译商务合同必须考虑合同语言的特性，在此基础上做到精准、严谨的翻译。

1. 商务合同翻译的标准

商务合同中的各项条款都对合同签订者的经济利益有着直接的影响，并且，一些涉外商务合同还需要考虑不同国家在法律规定上的差异。这为商务合同翻译增加了许多难度。此外，商务合同的文体结构非常严谨，用词规范严谨，这就要求在翻译之后译文也要做到严谨准确，避免歧义。因此，商务合同翻译必须依照一定的标准进行。

（1）准确严谨。商务合同具有较强的专业性，同时也具有一定的兼容性，为了满足人们对商务合同的严格要求，避免出现歧义与误解，商务合同的翻译首先要做到准确严谨。合同文本与其他文本相比具有一定的特殊性，它是对合同双方真实需求的文字记录，因此，合同文本的翻译对于文采韵味的要求几乎没有，它最注重的是准确严谨地将合同签订者的要求与意思表示出来。

用词准确是翻译商务合同的第一要义。商务合同中的词语翻译必须做到精准对应，还要体现出一定的专业性。例如，通常译者在翻译"accept"时，会将其译为"接受"，但是在商务合同中，就必须使用更加专业的词汇——"承兑"，同时，"acceptor"就应该译为"承兑人"。又如，一般情况下，"shipping advice"与"shipping instruction"的意思基本相近，不用做详细区分，但是在商务合同中就必须对二者进行明确区分："shipping advice"表示"装运通知"，即交易双方中的卖方向买方发出的通知；而"shipping instruction"则表示"装运指示"，即交易双方中买方向卖方发出的指示。同样的例子还有"shipment date"与"delivery date"，这两个单词都可以译为"装货日期"，但是在商务合同中它们还是有着细微的差别，"shipment date"指货物启运的日期，而"delivery date"指到货的日期。由此可见，在翻译商务合同时必须仔细辨别词语的含义，以免出现对合约的误解纠纷。

（2）规范通顺。合同是具有法律效力的文件，具有严肃性特征，因此在翻译过程中必须做到规范通顺。规范，就是要严格遵守法律语言的要求，呈现出契约文本的特点；通顺，就是要满足汉语的语法要求与语用习惯，保证译文能够被人清晰理解。另外，在进行商务合同翻译时，译者一定要遵循两大原则：一个是"准确严谨"；另一个则是"规范通顺"。严谨是商务合同翻译的第一要义，如果翻译得不严谨就有可能导致签订双方最后对簿公堂；规范通顺是合同签订双方清楚表达自己意见的前提，如果译文过于晦涩，那就让签订双方无法理解合同的具体内容，也就失去了翻译的现实价值。

2. 商务英语合同的词汇翻译

（1）商务英语合同的词汇特点

第一，专业术语单义性。目前，国际贸易已经涉足诸多行业，这使商务英语合同中除了会经常使用到各种专业的法律英语外，对于其他学科领域专业术语的使用也同样比较频繁，如 ocean bills of lading（海运提单）、freight to collect（运费到付）等就为常用基本贸易术语，而 expiration of contract（合同期满）则为拟定合同时的常用合同术语。虽然这些专业术语或词汇在日常交流中大多并不常用，但为了保证合同内容的明确、清晰，仍然需要进行权威的科学认证，只有确定这些表述不管怎样都不会出现歧义，才能放心地应用在合同中，用来进行商务合同的表述。

第二，普通词汇半专业性。由于贸易活动早已遍布各行各业，在贸易合同中需要约定的内容自然非常广泛，因此，要求合同中所有的内容都通过专业术语来表示是不可能实现的，这就需要用到一些普通词汇，这些普通词汇的专业性必然比不上专业术语，但是其具有多异性，它们在合同中的应用使自身逐渐成为半专业性词汇，并延伸出一些新的含义。

第三，外来词使用较多。与汉语一样，英语在 1000 余年的发展历程中，同样对很多外来语进行了吸收融合，这些外来语虽然并不属于日常用语，有些甚至在是否为英文词汇上仍存在着争议，但在商务英语合同的拟定上，却常常会对这类词语进行延伸性的引用，最终使其演化为商务英语的一部分。例如，force majeure 在商务英语合同中通常表示不可抗力或无法预见并通过人力避免，该词汇源自法语；as per 在商务英语合同中表示"根据"，其来自希腊语。此外，如来源于拉丁语的 ad valorem duty（从价关税折扣）、来自法语 claim（权利）等，也都在商务英语合同的拟定中有着较为频繁的使用。

第四，古体语相对常见。英语的发展过程主要可分为古代英语、中世纪英语及现代英语三个阶段，受文艺复兴等诸多因素的影响，不同时期的英语在词汇方面的变化都比较大，不仅引入或创造了很多的新词汇，同时也有不少旧词汇因种种原因被淘汰或少有人使用，而古体语则正是其中之一。古体语是指文体色彩较为鲜明的词汇语言，一般很少用于日常交流，而在商务英语合同中较常运用，古体语可以体现出庄重、严肃的合同语言特点。如 hereafter（今后）、therein（在其中）等。虽然古体语与现代英语规范有一定的出入，但用在严谨、庄重的商务英语合同中却是比较合适的。

（2）商务英语合同翻译的教学技巧

第一，明确合同内容目的。翻译商务英语合同主要围绕语际转换展开，这是为了保证原文与译文的一致性，从而让使用不同语言的合同双方都可以明确合同各项条款的含义与要求，以免因合同理解上的偏差而导致后续合同纠纷。基于这一原则，在进行商务英语合同翻译时，译者最好可以从功能翻译理论的视角出发，对在具体翻译过程中出现的问题进行分析，一旦合同中出现词汇、词组、语句存在两种或多种不同的意思，应立即向合同拟定者进行询问，将该处合同内容的实际含义与目的明确下来，并告知合同双方的负责人，之后根据这一目的来进行后续翻译，同时通过使用单义性词汇、调整或拆分句式等方式来得出译文，以免合同译文与合同原文在含义上出现差异。此外，由于合同中的各项条款都与签订者的利益存在紧密联系，因此合同的翻译者具有特殊的职责，合同的翻译工作必然对当事人的利益造成间接影响，因此翻译过程中对功能翻译理论、忠诚翻译原则的坚持也是对翻译人员自身职业道德素养的考验。

第二，保证合同译文连贯性。由于商务英语合同文本具有法律效力，因此其词语、句法的使用都必须做到严谨规范，这就不得不重叠使用一些比较重要的词汇来完成表述。英语中的词汇重叠与汉语中的叠词大致相近，一般来说其含义不会过分变化。但是在翻译合同的过程中遇到这些重叠使用的词语，就很有可能使译文变得烦琐冗长，合同双方理解起来也会比较困难。针对这一问题，翻译人员在对商务英语合同进行翻译时，还需坚持连贯性原则，对合同内容进行深入、明确的理解，在确定重复使用词汇并无其他特殊含义的情况下，按照汉语的词语使用习惯来进行翻译，即通过一个词语来表示多个重复使用词汇的相同含义，从而保证译文句子的连贯性。

第三，准确把握句法特征。鉴于商务英语合同的特殊性，在拟定合同时还需要对不同的句式应用范围进行限制规定。例如，陈述句一般用于表述合同双方的应得利益或支出，如付款金额、付款时间要求等，而被动句则主要用于对合同双方责任、权利、义务的明确，如货物包装要求、运输方式要求等。因此，在翻译不同类型的句子时，译者要先了解句子类型相对应的特征与应用范围，然后再选用恰当的汉语句型进行对应翻译。例如，在翻译结构复杂的长句时，由于这类句型在商务英语合同中通常用于说明一些容易产生歧义的权利、义务规定，而在汉语中则基本不会出现这类问题，因此翻译时需要将原文的长句拆分为多个含义明确、结构简单的短句，以便于合同双方理解。

第四，熟悉各类缩略词及其翻译标准。在商务英语合同中，经常会使用一些由简单字母、符号组成的缩略词来表达复杂含义，如 FOB 为英文 Free On Board 的首字母缩写，意为离岸价格，而 A/R 则表示 All Risks，意为全险。对于翻译人员来说，必须通过日常积累来书写这些缩略词的含义及其翻译标准，才能够保证翻译效率及译文的准确性。

3. 商务英语合同的句法翻译

（1）商务英语合同的句法特点。在拟定商务英语合同时，不仅要详细列出双方应该享有的权利，还应该指出双方应该承担的义务，所以在选择句型时，一般会选择陈述句、复合或并列的扩展式长句，这是因为这些句型有一定的局限性、较强的客观性，结构上多采用被动句和名词性结构，且多用现在时态和直接表达式。

例 1：At USD 20 per carton net FOB DALIAN.

译文：每箱净价 20 美元，成交条件大连港离岸价。

商务英语合同中需要表述不同的句子关系，这时就可以采用名词化结构，这种情况一般有三种：第一，of 在名词化结构中的作用非常突出，一方面利用它可以连接主谓关系或者动宾关系；另一方面它还可以连接含有 by 的短语，这样就能把复杂的从句变成名词短语。第二，可以把被动语态转换成名词。第三，可以将副词与动词看作一个整体，然后将其转换成名词词组。

例 2：Delivery on time with the stipulations of the contract is of vital importance.

译文：按照合同规定按时装运是十分重要的。

上面的两个例子体现了名词化结构可以表示不同的句子关系，商务活动总是会存在不少变数，因此在拟定商务英语合同时，不仅要考虑双方应该享有的权利以及应尽的义务，更重要的是，还需要将商务活动过程中容易出现的情况一一列明，这就使得条款中会使用大量的条件句，该句型可以将各种情况详细描述出来，有效保证了双方的经济利益。常见的表达方式有：if, without, unless, should, provide that, on condition that, in case of, in the event of 等。

商务英语合同最典型的句法特征就是语言客观，它将许多短句并列起来，使其共同组成一个复合句，这个复合句能将复杂的内容表达出来，所以这保证了商务合同的全面性，也让合同签订双方的利益得到了保证。

（2）商务英语合同句法翻译的技巧

第一，长句翻译。涉外合同中经常使用长句。在涉外合同中会出现大量的长句，这是因为涉外合同需要严谨，而长句叙述的内容比较完整，能将双方的权利与义务关系明确下来。再者，多使用长句也能减少合同内容的烦琐程度，但是，如果长句没有组织好，表意不明确，就会导致误解。

第二，合同常用被动语态，翻译须为主动结构。合同中的被动句，能够准确标明合同一方的权利义务，并且词汇的运用也合理，如果在合同中大量使用被动句，那么就能将合同的专业性体现出来，这对于合同的最终达成也非常重要。

涉外合同中被动句的翻译，可以巧妙地将被动语态转换成主动语态。例如，the case in dispute shall then be submitted for arbitration to the Committee.

翻译的时候，将句子中的被动语态 be submitted 转换成中文的主动语态，本句出现的被动语态，如果我们按照英文结构直接翻译，显然不是地道的中文。所以，我们在翻译的时候，应采取主动结构，符合汉语的表达习惯。故此我们把这句翻译成："将争议提交给委员会进行仲裁。"

又如：In case no settlement can be reached。如果我们把它译为"如解决协议无法被达成"，显然不是地道的中文，因此一定要翻成主动句"如协商不能解决（分歧）"。这样理解起来就方便多了。

第三，否定句。

一是否定提前。在合同中会存在不少的否定句用来规范双方的行为，通常情况下，英语处理否定的方式有两种，不过这两种方式都是通过调整语序的方式实现的：第一种，可以将否定词放在情态动词或者助动词之后，这样就构成了陈述语序，否定的目的也就达到了；第二种，可以将否定词直接放在句首，调换情态动词或助动词与主语的位置，经过这样的挑战，就形成了新的语序，这就是倒装语序，同时，否定的目标也就达到了。而在合同中，关于否定的处理，我们一般会使用第二种方法。

二是移项否定。谓语的位置发生变化，将其转移到主语或者宾语的位置上，这就叫"移项否定"，这样做的主要目的就是要加强语气。

例3：合同签订的双方都没有延长合同的意愿或者有一方并不同意延长，那么，到了合同结束之日，合同就立即失效。

译文：If neither party requests an extension, or if one of the parties says no to the extension, this contract will no longer be in force upon the expiration of the stipulated period.

第四，抽象名词作主语现象普遍，翻译须转化。在涉外合同中，有大量的抽象名词出现，这既可以使行文凝练，同时也使合同更加严谨。但是在汉语中，却很少有这种抽象名词作主语或者宾语的习惯，为此，在进行涉外合同翻译时，须进行转化，即将英语的某一成分转换为汉语的另一成分，以力求行文的通顺流畅，并具有完整的含义。

例4：Partial shipments shall be allowed upon presentation of the clean set of shipping documents.

译文：分批发货是可以的，但有一个前提条件：需要准备一套简洁的装运单据。

在这里，shipment 与 partial 都实现了词性的转换，shipment 在译文中已经被转换成动词，而 partial 则被转换成了状语。

例5：The products fair will be held at Shanghai Expo，China with the Buyer's representatives.

译文：买方代表将参加在中国上海博览会举行的产品博览会。

（二）商务广告的翻译

1. 商务广告翻译的原则

（1）目的性原则。从目的论的层面来看，一切翻译活动都必须遵循目的法则，这也就是说，翻译行为是以翻译目的为导向的。商业广告是一种不折不扣的商业行为，它最终的目的就是要吸引绝对多的消费者，所以广告设计者在进行广告设计时，往往以消费者为中心，这样就保证了广告能够满足消费者的需求，并促使其能主动进行消费行为。值得一提的是，这不仅是商业广告的目的，同样也是商务广告翻译的目的，且这个目的具有唯一性。所以，所有的商务广告翻译活动在开展之前都要有一定的目的。译者要充分考虑消费者身处的复杂的环境，保证商务广告翻译的准确性。

（2）合法性原则。商业广告在用于商业宣传时是需要符合相关法律法规的，许多国家因此建立了完善的商标法，可见，在对商标进行翻译时，译者需要进行全面考虑。例如，中国许多品牌的名字都是借鉴地名的，但是英国商标法则明确指出商标中是不能含有地名的，这就要求译者在翻译商标时要格外注意这些不同国家的法律问题。

（3）文化适应原则。原文读者与译文读者由于生长的地理、文化环境不同，其往往会产生不同的思维习惯与表达特点，因此在对同一条广告的认知上一般会产生不同的感受，这就要求广告译者需要了解两国的民族心理、文化风俗习惯等内容，只有这样，译者的翻译才能为译文读者所理解。

广告是一种重要的宣传手段，从其自身层面上来说，它本身就是一种文化，因此译者在翻译广告时必须熟悉不同国家的文化。

（4）准确原则。商务广告最主要的一个功能就是在对商品进行全面介绍的基础上扩大其传播范围，从而激起消费者的购买欲望，触发其购买行为。所以，从这里可以看出，要想实现商务广告的这一功能，首先需要做到译文的"准确"。

译者在翻译商务广告时必须考虑译文的准确性问题，这是因为一旦译者理解错了源语信息导致译入语错误，那么肯定会失去广告原本的效果。且错误的广告信息很可能会对消费者产生误导，更重要的是，还可能会给商家的形象、信誉蒙上一层阴影，甚至商家还需要承担巨大的经济损失。所以，译者在进行商务广告翻译时，首先要做的就是调查产品，在全面掌握产品情况的基础上进行翻译。

（5）易记原则。商务广告就是要让更多人了解广告中宣传的产品，提高产品的知名度，因此其需要达到"易记"的效果。

在进行商务广告翻译时，译者要保证译文的通俗易懂、生动，这样消费者可以对产品引起共鸣，同时也会在一定程度上激发他们对产品的联想，这样的一条广告必然使人印象深刻。例如，Eat fresh。这是一条快餐店广告，该广告非常简洁，但又非常生动，直接就道出了快餐店可以让消费者吃到最新鲜食物的主题。

（6）委婉原则。在人类社会发展进程中出现了许多语言现象，委婉语就是其中之一，它的出现有效改善了复杂的社会人际关系，让社会呈现出一派祥和的画面。

不仅在日常生活中，委婉语使用普遍，在商务广告中，委婉语的使用也非常频繁。因为有些广告如果讲解产品太直白，很可能会引起消费者的反感。因此，利用委婉语可以有效地降低这种反感的程度。所以，在对一些相对"敏感"的广告进行翻译时，译者一定要考虑广告商家的情况，在结合本民族语言表达习惯与丰富习惯特点的基础上，灵活使用委婉语，这样译出的广告不仅能实现受众与产品的良好交流，而且还能降低产本的敏感度，达到了婉转的效果。比如，Whisper 是一款卫生巾，将其翻译成"护舒宝"，会给人一种舒适、安全的感觉，这种翻译既突出了产品优势，而且还避免了受众的尴尬。

2. 商务广告翻译的方法

广告语是一种具有较强艺术性和鼓动性的原因，广告语的功能和作用十分强大，它不仅具有较强的经济效益，还有一定的文化、宣传和审美的功能。因此，译者在翻译广告语时要灵活地采用各种不同的翻译策略。

（1）直译法。直译就是指译者在进行具体翻译时考虑了原文的形式与内容，采用和原文内容以及风格都对应的方式翻译，这种翻译方法能够使译文更加符合原文，使读者充分了解其他国家的文化和历史等。

例1：Poetry in motion, dancing close to me. ——Toyota

译文：动态的诗，向我舞近。——丰田

例2：Welead, Others copy. ——Ricoh

译文：我们领先，他人仿效。——理光复印机

然而，虽然直译有对原文忠实程度很高的优点，但是这样的译文往往听起来枯燥，缺乏广告语应该有的灵气、流畅性和可读性，很难打动观众。此外，这样的译法还有可能在两国文化有冲突的情况下，导致消费者的不良印象以及对产品的排斥。

（2）意译法。不与原文在形式上保持一致，而是译者在充分理解原文的基础上结合广告受众的心理以及文化习惯等进行翻译，这种翻译的方法更加灵活，需要译者具备较高的翻译技巧，因而意译的作品语言更加优美，更加易于读者的理解。

例3：Ideas for life! ——Panasonic

译文：联想创造生活！——松下

例4：Make yourself heard. ——Ericson

译文：理解就是沟通。——爱立信

这些译文表面和原文不甚对应，细读之下译者并不曾增加或删减原文的内容，故其翻译不失原文精髓。

（3）创译法。依据原因的不同，可对创译进行分类，它可以分为强制性创译与选择性创译，一般而言，强制性创译是指目的语中并没有与原文相同或相似的表达，因此需要通过创造进行翻译。例如，在李善兰和英国传教士 A. 韦廉臣（Alexander Williamson）所著的《植物学》这本书中，有很多词汇是汉语表达中没有的词汇，因而李善兰就在这本著作中创译出了很多新的名词，如"植物学"等。随着越来越多的人学习和认可这本著作，就会有越来越多的人熟悉并认可这种固定的词汇搭配。需要强调的是，选择性创译并不是译者要翻译出新的词汇，它只不过是一种特殊的翻译手段。具体而言，当译者在翻译广告时，译者发现原文的广告语平淡，没有吸引力，这时译者就可以适当地采用选择性创译的方式来翻译原文广告，从而吸引读者的注意力，并赋予广告语新的内涵等。

例5：北京欢迎你。

译文：We are ready.

普通人可能会认为北京欢迎你翻译成"Welcome to Beijing"是极其恰当的，但是此处却进行了创造性翻译，将其翻译成"We are ready"，突出了中国人民对奥运所做的不光是简单的迎来送往，而是在物质、安全乃至环境方面都投入了巨大成本，使内外宾客放心而来。此外，简单的翻译，读来朗朗上口，简单易记，实践证明该句广告在奥运期间广为传播，使用效果良好。

再如：

例6：Things go better with Coca-cola. ——Coca-cola

译文：饮可口可乐，万事如意。——可口可乐

例7：Intel Pentium：Intel Inside. ——Intel Pentium

译文：给电脑一颗奔腾的"芯"。——英特尔奔腾处理器

上述分析可以发现，有些译文补充了相关信息，有些译文则删除了一些信息，甚至更改了部分语句，这使得新的译文框架已经与原文并不一致，它是译者重新创造的产物。这里的创造是从广告英语的特殊性出发的，这样的创造能让翻译彻底摆脱形式上的束缚，追求内在精髓的统一。如果从读者的角度来看，这种译文也是成功的，能为读者所接受。

（4）零译法。零译法（zero-translation）与不译（non-translation）是不一样的，它主要是人们现代的交往观念随着时代的变化而产生的变化。经济全球化进程不断推进，在各国频繁进行经济交流的过程中，文化交流也被提上日程，因而人们开始熟悉和接纳其他的文化符号，这就为零翻译这种方法的出现奠定了重要的基础。零翻译的发展经历了几个不同的阶段，即音译和移植，如中国汉语中的"菩萨""佛"等词汇都是采用这种翻译的方法。不过，如果我们严格而言，零翻译就是一种对移植的翻译形式的选择，也就是说，在翻译过程中，译者不对外文符号进行处理，而是将其直接应用在译文中。在全球化背景下，移植不仅加强了各国之间的文化交流，而且还让各国逐渐意识到各国文化是可以互相补充发展的。在商品品牌翻译中也存在许多零译现象，如我们非常熟悉的"LG"。

（5）套译法。所谓套译法就是指译者在充分熟悉和理解原文的基础上采用某种固定的模式来翻译原文，它翻译的前提就是译者要准确表达出原文的意思。简言之，套译法就是指译者在翻译的过程中采用模板进行翻译。套译法有很多优势，它不仅能够使译文读起来朗朗上口，更重要的是，因为译文符合目的语读者的阅读习惯，所以它还让读者乐于阅读译文内容，并记住所阅读的内容。通过套译法翻译出来的译文能强化读者的记忆，所以在广告翻译中的应用比较普遍。

例8：Apple thinks different. ——Apple

译文：苹果电脑，不同凡"想"。——苹果电脑

上述例句中原文的意思是"苹果和其他人的思维模式不同"，而译文则重点突出"想"这个字，使人们看到苹果的优势以及与众不同。

例 9：Kids can't wait——Apple

译文： 不尝不知道，苹果真奇妙。——苹果公司

（三）商务信函的翻译

不同厂家之间交流业务、沟通感情经常会用到各种函件，这就是我们所说的商务信函。这种商务信函一方面能起到商务交流的作用，另一方面也能起到传播商业文化的作用。

如果通过商务信函对交易的内容和条款达成协议后，以此制定的相应合同中的条款就不能再做改变；如果交易双方因为某些问题出现了纠纷，则需要检查双方所有往来的信件，以明确纠纷的原因与责任方。所以，从这个方面上来说，商务信函还是纠纷的证据。商务信函通常一事一信，以便管理，避免混淆。

1. 商务信函的格式

了解商务信函的格式，是书写商务信函的第一步，对于翻译人员也是必要的。一般而言，商务信函的格式主要有三种：齐头式要求信件格式的对应性，便于打字，不易出错，美国人采用较多；缩进式要求信内地址各行依次往右缩进，正文各段落首词向右缩进 5 个字母，签名部分顺次靠右，其优点是各部分信息清晰，易于阅读，英国人采用较多；改良齐头式则是结合了齐头式和缩进式两者的优点。但是，不管是怎样的格式，不同的部分都以空行的方式隔开。

2. 商务信函的要素

（1）信头部分。

第一，信头部分要有发信人的地址。如使用公司印好的信笺纸，公司的名称、地址、电话号码、邮箱、传真等信息都是现成的。若要自己书写，则应该按照约定的顺序，这个顺序为门牌号码—街道—城市—国名。如果要是与自己非常熟悉的人联系，地址就可以省略。

第二，日期。

美式写法：月/日/年，比如"November12, 2022"。

英式写法：日/月/年，比如"12th november2022"。

注意，不要全部用数字来书写日期。

第三，参考文号。文号或编号的作用是将前一封信件与该回复联系起来，确保信件准确地送达相关部门和人员手中。在信头的下方，信内地址的上方，一般会留有 Ref No. 的

空位。

（2）开头部分。

第一，收件人及地址（Recipient's name & address）。收件人地址包括的内容非常丰富，有收件人姓名、公司名称、城市名、邮政编码等，不过，这并不意味着所有的内容都必须写上，书写者可以根据具体的情况自行选择。例如：

Mr J. Trump

Production Manager

VicePower Inc.

第二，经办人（Attention line；ATTN）。经办人有多种写法：MS. Jane Harper；Attention：The SalesManager。如果收件人地址上已写明，就不用加写这一行。此外，Attention 的对象应与信封上的收信人相同。

第三，称谓（Salutation）。即写信人对收信人的称呼。不知对方的性别，那就写"Ladies andGentlemen"或"Dear Sir or Madam"。

（3）正文部分。

第一，主旨（Subject line）。信函的称谓下面可以加上一行"主旨"，作为信件的标题。加上主旨有助于读者立刻了解信件的主题。主旨必须简明扼要，让人一目了然。主旨的写法有以下方面：

Re：Information Technologies Conference

Subject：Information Technologies Conference

SUBJECT：Information Technologies Conference

第二，信件正文（Body of letter）。信件有很多要素组成，信件正文是信件最主要的内容，包括开头语、正文、结束语等。书写时要注意将信息有效地传达给对方。

（4）结尾部分。信件的结尾部分一般包括以下方面。

第一，结尾敬辞（Complimentary close）。需要在结尾处的敬辞后面加上逗号，同时敬辞的第一个字母必须大写。需要指出的是，还有一种收件人姓名不明确的情况，这时书写者就可以采取以下格式：Dear Sir/Madan.

如果知道收件人的姓名，则可以使用以下格式：Yours sincerely/Yours truly.

第二，亲笔签名（Hand-written signature）。采用亲笔签名一是为了表明信件的执笔者愿意为信件的内容承担责任，二是为了防止他人冒名顶替。

第三，公司或职位（打字），即 Title（typed）。如果以公司的名义签署信件，则应先打上公司的名称，用大写字母，再由公司授权人名，再打上其头衔。例如：

PAN AMERCIAN ELECTRONIC CORPORATION

Robert B Lodge（Signed）

若公司没有授权该人签署信函，则在名字前加 By 或 Per，或者在公司名称前加 For。

第四，鉴别符号（写信人和打字者的姓名缩写）（Identification initials）。如果打字者与执笔人并不是同一人时，就应该取其姓名的首字母进行缩写。

第五，附件（Enclosure；Enc.；Encl.）。如果只有一个附件就可以用 Encl. 来表示，如果有多个附件，则用以下表示方式：Enclosures（3）；Enc（3）。

第六，抄送（Carbon Copy；C.C.）。若信件要送给收件人之外的其他人，则将该人姓名或部门写在后面。

第七，附言（Postscript；PS.）。补充叙述附加项目时可以使用，但有时却是要提醒对方注意。附言部分一般放在 C.C. 的后面。没有特别需要补充和提醒注意的项目时，尽量避免使用。

通过分析以上商务信函的基本要素，可以看出收件人地址、寄件人地址、称呼、签名等这几项都是必不可少的要素，其他的部分则应该根据具体的情况进行应对，一般而言收件人和寄件人的地址都应该写在信封上。

3. 商务信函的语言特征

商务英语信函与一般书信有共性，但由于其又具有一定的特殊性，因而从性质上来说，它又兼具公务与法律文书的特点。用词上多使用书面语、专业词汇、缩略词；句式上具有严密准确、礼貌体谅的特征，表现在语言结构上就是多使用结构复杂完整的长句、被动句及委婉、礼貌的句式等，语言表达程式化。

（1）商务英语信函的词汇特征

第一，多用专业词汇。商务活动是比较正式的活动，这使得商务英语也非常正式，所以它的专业性非常强，对于词汇的选择要求极高，要求词汇非常精确。因此，商务英语中充斥着大量的专业词汇，且这些词汇在具体的商务语境中还存在不少特殊的用法。由于商务信函是对外的，它具有涉外性质，因此要求专业术语的意思必须固定，只有这样才能保证所有人都清楚词汇的含义。比如，coverage 在商务英语中是险别的意思，而 premium 在商务英语中则是保险费的意思。

例 1：In addition to the liability covered the aforesaid total loss and with average insurance, this company shall also be liable for the total, or partial loss of the insured goods caused by shortage, shortage in weight, leakage, breakage, hook, rainwater, rust, wetting, heating, mould, tainting by odor, contamination, etc. arising from external causes on the courseof transit.

译文：本公司除了承担全损险和水渍险的责任之外，还会对被保险货物在运输中由于受客观因素影响而造成的全部或部分损失也会负有赔偿责任，这些损失通常包括短少、短量、渗漏、破损、钩损、雨淋、生锈、受潮、受热、发霉、串味、玷污等。

分析：在外贸实务中，货物经由海上运输，可能会由于各种海损（Average）或意外造成损伤。基于此，买卖双方均会办理运输保险。而上句中提到的 total loss（全损）是海损的一种，还有一种叫作"partial loss"（部分损）。"with average"（水渍险）又称"单独海损险"。所以，译者平时应该多积累补充外贸实务方面的知识。

英文当中有些普通词汇在商务交流中有了专业词义，

例如，"draft"一词在一般英语中的意思为草稿，而在商务英语中，其意思就变为"汇票"；"ceiling"一词在一般英语中的意思为天花板，而在商务英语中，其意思就变为"最高费用"。这些普通的英语词汇在商务英语中就展现了其专业术语的属性。为了更好地进行商务英语翻译，译者在日常学习生活中要注意积累这些专业术语。翻译时，通过分析上下文，确定词语的正确含义，按照约定俗成的译法，做到专业规范。

第二，大量使用缩略词。

例 2：In view of the amount of this transaction being very small，we are prepared to accept payment by D/P at sight（at 60 days sight）for the value of the goods shipped.

译文：因为这笔交易的金额并不大，因此，我们可接受使用即期付款交单的方式来支付货款的方式，也可以接受 60 天的远期付款交单的方式。

分析：DP 在商务英语中是一个专业术语，它是"documents against payment"的缩写，表示的意思为"付款交单"，这是国际上普遍认可的一种支付方式。这种方式具体的操作程序为：当所有的票款付清之后，单据交给付款人，这种方式在商务经济活动中经常使用，因为它有效地维护了卖方，降低卖方的风险。

第三，多用书面语。在商务活动的每个环节中都存在商务信函，商务信函具有严谨性、严肃性，它既具有法律文体的特性，又具有公文文体的特性。所以，在词汇的选择上，一般不使用口语词汇和一些基本词汇，多用书面词汇代替它们。比如，可以用 dispatch 代替 send。另外，还经常使用短语将一些比较简单的介词与连词替代下来，这样就增加了句式的严谨性。

例 3：We are pleased to inform you that your order No. 228 has been dispatched in-accordance with your instruction.

译文：我们非常高兴地通知你方，第 228 号订单货物已经按照你方的具体指示发出了。

句中使用的是 inform 替代 tell，dispatch 替代 send，in accordance with 替代 by，用词正式。

第四，多采用礼貌、委婉语。商务活动开展的目的就是要实现商务合作，使交易双方都能达成自己的利益目标，所以他们会利用商务信函来增进商务关系。同时，交易双方一定要注重信函的语气，语气要婉转，这样才能营造一个和谐的合作氛围，增进彼此的情感。即使是在人们日常的生活交流中，礼貌都会让人心情舒畅，因此对于企业来说，在商务信函中保持足够的礼貌是有利于企业形象的树立与维护的，更重要的是，良好的企业形象还能促进贸易关系的快速建立以及持续。

在商务信函中，委婉语被经常使用，一方面，使用委婉语可以较为委婉地拒绝对方不和的要求，同时也不会使双方关系闹僵；另一方面，还能使双方继续保持良好的贸易关系。因此，在商务信函中，双方要注意用词礼貌、委婉，使彼此都能感受到合作的诚意，从而促进商务合作的高效实现。

一是，使用礼貌客气的措辞。商务信函写作中的礼貌词汇与句式是其最基本的内容，比较常见的词汇与句式主要有：Thank you for…，We regret to…，Weare very sorry to…。

例 4： We would appreciate it if you let us know the ruling prices of the goods.

译文： 如果能让我们知道该商品的现行价格，我们将不胜感激。

二是，多用情态动词。表达委婉、礼貌的语气，最常用、经济的实现方法就是使用情态动词，因此商务英语信函存在大量的情态动词。不同的情态动词可以表示不同的语气，可以表示意愿、承诺，也可以表示预测、能力等。would 可以表示一种礼貌委婉的语气，因此在商务信函中使用 would 可以规避一些不必要的摩擦，也能实现双方的互惠互利。

例 5： We would like you to hasten shipment upon receipt of this letter.

译文： 我方希望贵公司收到此信后，尽快交货。

（2）商务英语信函的句法特征

第一，多用陈述句。商务英语信函的双方是在同一种经济活动中存在的贸易伙伴，二者从地位上来说是平等的，当一方想要另一方做出某些改变时，其通常会用陈述句来表达。

在商务英语信函中，陈述句的使用非常普遍，它一般会呈现两方面的内容：一是单纯地论述一个事实；二是表达写信人自己的看法。陈述句在商务英语信函中的重要性还体现在不少商务文件中，它都广泛存在，如投诉、报盘、招标合同等。因此，通过下面的投诉信为例揭示陈述句的重要性。

尊敬的先生：

装运单证已按时收到，并已在"伊莎贝拉"号到达汉堡时提取货物。

对于贵方迅速处理这一订单，我方非常感激。除了第71号货箱，一切都很让人满意。

在开启71号货箱时，我们发现箱中的货物并不是我们订购的，对此我们表示非常遗憾。但我们认为这应该只是一个错误，这些货物应该是属于其他订单的。

因为我们需要把从你方订购的货物交给我们的新客户，所以我们不得不要求你方现在马上安排发货事宜。现在，我们把 71 号货箱所包括的所有货物的清单奉上，希望你方可以按照清单仔细核对贵方发票副本。

在核对期间，我方将会暂时替你方保管这些货物，等待贵方的处理，并希望贵方能及时将处理方案告知我方。

敬上

分析：在这封投诉信里，写信人心平气和地说明了问题，并对投诉表示遗憾，表示此类事件并非自己所愿。全篇都用了陈述句，语气温和地将事实陈述得清清楚楚。

第二，适当使用祈使句。在商务信函中还可以使用祈使句，祈使句不仅能表示请求，也可以劝告与命令等，祈使句的使用能提高对方的接受度。在商务信函中使用陈述句来向对方提出要求，可能会让对方的接受程度不高，因为陈述句总是会给人一种直接、生硬的感觉，这时就可以用"Please"的祈使句，这样既可以让表述变得非常简洁，而且也更加礼貌。

写信人除了可以使用祈使句向对方提出建议与要求，同时也可以使用疑问句表达，而且，在表达礼貌的程度上，疑问句要优于祈使句。所以，从使用的频率上来看，疑问句要比疑问句的使用频率大。

感叹句虽然能在程度上增强语气，强化表达效果，但是因为商务信函具有严谨性，又重视客观表达，所以感叹句并未在商务信函中大量使用。

第三，多用复合句。商务信函主要是为了最后的合同签订进行提前的沟通，所以商务信函涉及的内容非常多，又力求细节，这也要求商务信函必须格式规范、措辞严谨。复合句和并列句则能保证格式的规范以及措辞的严谨，所以在商务信函中经常被使用。

例 6：Though the price we offer this time is 2 percent higher than that of last time, we hope you can see that these are as low as we can offer considering the constantly rising pricesof raw materials.

译文：尽管这次我方报价比上次高2%，考虑到原材料的不断上涨，我们希望你方能理解这是我们的最低价。

复合句与简单句有着显著的差异，从结构层面上说，复合句的结构相对要复杂一些，因而其往往表达比较严谨的内容；而简单句的结构就相对来说比较简单，通常用它来表达一些简洁的内容。

我们不能有这样一个错误的认知，认为商务信函追求的是复杂句，句式越复杂，信函写的质量就越高。实际上，复杂句与简单句在商务信函中是同时存在的。在商务信函中，也需要使用简单句，复合句与简单句的结合才让商务信函的书写更加合理、规范。

第四，常用并列结构。商务信函中也充斥着不少并列结构，一般情况下，这种并列结构需要一些连接词汇进行连接，如 and 或 or 等词。并列结构能让不同词汇之间的词义得到很好的补充，因此能让商务信函的意思表达更加精确，容易为人所理解。

第五，适当使用虚拟语气。虚拟语气可以表达不同的内容，因此为写商务信函的人经常使用，它不仅可以表达假设、愿望，而且还可以表达请求与建议。

商务英语信函中可以表达虚拟语气的词汇有不少，一般常用的主要有 wish、could 等，这些词汇在积极引导虚拟语气的同时，也表达出了一种委婉的请求。所以，在商务英语信函中使用虚拟语气是必要的，它有利于促进业务的往来。

例 7：Should the foregoing proposal be acceptable to you，please let us know the specifications and quantity of your order.

译文：如贵方接受上述提议，请惠示订货之规格及数量。

第六，巧用疑问句。疑问句通常是以听话人的角度发出的，由于其能够展现出向对方征求意见的口吻，因此会比直接命令或要求更加有礼貌、委婉，而且这种疑问句不仅可以将说话人想要表达的意思完整叙述出来，而且还能给听话人留下表达的空间。

一般情况下，疑问句中运用的不同词汇或者短语结构会出现不同的表达效果。例如，"Could you…?" 就表示说话人在表示请求或者询问对方，而 "Might you…?" 相对来说就比较礼貌一些，听话人听了之后就会非常舒服。

4. 商务信函的翻译方法

（1）术语翻译规范。商务活动是一种极为复杂的活动，因此商务信函在描述商务活动的各个环节时并不容易，它需要涉及许多内容，不仅要涉及各种各样的单据，还要涉及各种各样的协议与合同等，从这个层面上来说，其就不可避免地涉及商业与贸易领域的术语。

（2）翻译要贴切再现原文的语气。因为商务信函是一种公函语体，因此在词汇、句式选择上要格外严谨，语气上也要更加委婉，需要传递出一种礼貌的氛围。

因此，对于商务信函的翻译来说，其不仅要保证翻译内容的准确性，翻译语句的流畅性，而且还要保证译文要符合商务信函的特征。因此，在商务信函写作中，礼貌用语和客气措辞就会使用非常频繁。一方面，使用礼貌的语言和得体的措辞能够给对方留下良好的印象，创造良好的交流氛围；另一方面，公司形象对于公司的长远发展是非常重要的，因此在商务信函中保持足够的礼貌有利于给贸易伙伴留下好印象，从而有利于贸易的达成，有利于企业形象的建构。

需要指出的是，在具体的商务信函翻译中，有些内容是可以遵循译入语的习惯的，这样可以保证译入语读者能顺畅阅读商务信函，也可以恰当、得体地再现原信函的礼貌语气。不过，这些内容是有选择的，一般为表示感谢、歉意的内容，或者是已经在经贸活动中为大家所熟知的一些行业内容。

5. 商务信函的翻译原则

语用学包括不少内涵，其中意义是其核心概念，译者应该熟练掌握以下翻译原则。

（1）严谨性原则。商务英语信函必须遵守的一个原则就是严谨性原则，这是因为商务活动极其复杂，因而商务信函中所书写的内容恰恰都反映商务活动的各个环节，与商务活动各方有着密切的联系，一旦出现错误，就会造成各方争议，严重的甚至会使各方在经济上产生纠葛。比如，商务信函中列出的数字与日期要绝对准确，当表示日期的前一天为合同彻底结束的时间时可以选择使用"before"这个词。此外，为了让商务信函显得非常庄重、严谨，在翻译时也要注意选择合适的词汇，如可以选择 hereafter、hereof 等词。

（2）礼貌性原则。商务活动中保持足够的礼貌是基本的原则，这种礼貌不仅要体现在面对面的交流中，而且还要体现在日常的信件往来中。因此，商务英语信函翻译也应当遵循礼貌原则，双方要始终坚定"和气生财"的思想，在保证礼貌的前提下顺利、愉悦地完成商务活动。

在对上述情况的认知之下，商务信函翻译人员一定要将这种礼貌意图完全展现出来，从而使双方可以了解对方在贸易达成上的期望，并最终实现双方在情感上的交流。例如，"You will be able to receive a full refund of deposit if you return the good within a week"这句话，如果译者遵循礼貌原则，就可以将这句话翻译成"如果贵方能够在一周之内就退货的话，那么，就可以获得全部的定金退款"，这种翻译首先从语气上表现出了一种肯定与礼貌，这会让对方感觉到自己是受益的一方，因此，这是一个成功的翻译。

（3）专业性原则。商务英语信函翻译涉及的商务环节众多，因此涉及的专业术语也颇多。这给译者的翻译提出了较高的要求，要求译者需要对商务英语信函翻译中经常使用的专业术语做到全面的掌握，在翻译时还能以一种恰当的方式表述出来。比如，"beneficiaries"这个词，它其实是一个法律意义上的词汇，其意思为"受益人"，这种翻译是非常规范的，如果翻译成其他的，就显得不那么专业了，也不符合商务信函的文体特征。

6. 商务信函的翻译策略

为了进一步验证基于语用学原理的商务英语信函翻译原则的合理性，译者在翻译过程中，还需要格外重视以下翻译策略。

（1）语义信息的准确与对等。从语用学视角进行商务英语信函翻译活动，首先需要做到的就是保证语义信息的准确对等，只有做到这一点，译者才能将原文的信息准确传递给译文读者，也才能实现双方的准确沟通与交流。

一般而言，原文与译入语的信息准确对等包括以下三部分的内容。

第一，在翻译过程中遇到专业术语时，译者切不可随意处理，而是要遵循一定的翻译原则进行翻译，倘若译者无法独立做到正确的翻译，其可以查阅一些专业数据。比如，"shipping advice" 如果用在与航运业务有关的商务信函中，就会有其对应的意思，表明它是一个专业性极强的术语，译者如果无法对这些专业术语有足够的了解，那么其有可能就会将这个词语翻译成"装运建议"，这就造成了翻译的错误，同时也影响了阅读与理解。

第二，对于商务英语信函中的一些重要信息细节，翻译时必须做到绝对准确，如日期、货品数量等都需要准确，一旦出现错误，就会导致很大的麻烦，严重的甚至会出现经济纠纷，需要诉诸法律途径来解决。

第三，在选择词汇时一定要注意歧义问题。在商务英语信函翻译中，词汇的意思与其一般意思有明显的差别，例如，We hereby make a claim with you for the shortage of 1000 kg in the shipment of chemical fertilizer ex. s. s. "Victory"，句中的 "shipment" 一词有两种含义：一种为"装运"，另一种为"所装载的货物"。译者究竟选择哪种含义需要根据上下文的语境确定，从而选取第二种含义，而且已经知道了货品是化肥。因此，就需要在翻译时采取直译的策略，从而有效避免歧义。

（2）语言差异的注意与规避。英汉两种语言形成的背景不同，所处的文化环境不同，因此二者呈现出了显著的差异，在具体的翻译过程中，译者应该以语用学的基本原理为指导，对英汉双语的特点进行转换，这样就能实现更好的翻译。例如，英汉两种语言在表达语序上存在差异，英语的叙述特点为先总结再叙述，而汉语则是先叙述再总结，这是中西方思维方式的不同导致的。

此外，英语句子在表述时也呈现出了不同的特点，英语的句子一般是句首相对比较封闭，而句尾则比较开放，这明显与汉语句子表达不一样。

在语法方面，英汉两种语言也有不少差异，英语多使用被动语态，而汉语句子多为无主句，英汉语言差异众多，这些只是冰山一角，译者需要在全面掌握英汉语言差异的前提下，从语用学的角度出发，进行商务英语信函翻译。

（3）文化差异的认知与调整。我们接触语言，能直观了解到其表情达意的功能，除此之外，由于语言是在一定文化土壤中孕育的，所以我们了解语言还需要熟知其背后的文化背景知识。

进行商务英语信函翻译的相关人员参与的是一项文化活动，他们也就成了中西方文化交流的媒介，因此其必须对英汉两种语言与文化有足够的了解，只有这样，他们才能进行更好的翻译。

首先，英汉两种语言在表述人名时差异明显，英语人名先名后姓，而汉语人名则是先姓后名。因此，译者在翻译商务英语信函时，必须注意到两种语言的差异，注意人名翻译的顺序。

其次，英汉两种语言在表述地名时也有所不同，由于地名与贸易各方所处的位置有关，因此，在进行翻译时，译者必须慎重，就是遇到一些特殊情况，比如大地名与小地名连用时，英汉两种语言的语序要保证准确，英语的顺序为由小到大，而汉语的顺序则为由大到小，这种地名翻译顺序至关重要，一旦翻译错误，就可能会带来很大的麻烦。

最后，公司名的翻译在商务英语信函翻译中也很重要，公司的类别不同，其在翻译时选用的词汇也就不同，一般而言，代理公司用的是"Agency"，服务型公司用的是"Service"，而到了具体的公司名称中，其也会包括一些共性词汇，如"joint""integrated"等，不过，需要特别指出的是，在共性之外还是有细微差异存在的，这些细微的差异才是决定公司名称翻译成败的关键，需要译者格外注意。

随着全球化进程的不断推进，国际贸易繁荣发展起来，其中，商务英语信函扮演了重要的角色，它内容丰富，不仅包括大量的商务词汇、专业术语，而且还包括各种固定表达等，正是这些内容将浓厚的商业氛围凸显了出来。因此，为了进一步丰富商务英语翻译的理论知识，推动国际贸易的发展，我们可以从语用学的视角出发，对商务英语信函翻译进行深入探究。

7. 商务信函的翻译标准

商务信函的功能主要体现在两个方面：一个是传递信息；另一个是宣传。基于这两个功能，在制定翻译标准时要做到以下方面。

（1）在书写信函时要绝对按照信函的标准进行。按照信函的格式规范进行书写，同时，还要表现出一定的礼貌，这就要求书写者既要了解英语这门语言，同时还要了解语言背后的西方文化。

（2）在书写时还要遵循广告营销标准。通常情况下，为了能使产品为对方所认可，一些商务英语信函中会添加些许广告，这些广告能帮助双方建立长久的合作关系。所以，译者在保证遵循信函标准的基础上，需要清楚了解一些广告营销的标准，以便书写时能达到最大的广告营销效果，促使交易另一方有强烈的商务合作意愿。

第二节 科技英语的翻译

一、科技英语翻译的分类

随着科学技术的迅猛发展和知识经济的到来，科技英语（English for Science and Technology, EST）已经成为一种独立的重要英语文体，与传统的新闻报刊文体、论述文体、公文文体、描述与叙述文体以及应用文体一起，构成了当代常见的六大英语文体。特别是进入 20 世纪 70 年代，科技英语文体日益受到人们重视，引起国际上广泛的注意和研究。

科技英语泛指一切论述和谈及科学或技术的书面语和口头语。具体而言，科技英语可分为以下五个类别。

第一，科技著述，科技论文和报告，实验报告和方案等。

第二，各类科技情报和文字资料。

第三，科技实用手册，包括仪表、机械、工具的结构描述和操作说明等。

第四，有关科技问题的会谈、会议、交谈的用语。

第五，科技影片、录像等有声资料的解说词等。

二、科技英语翻译的特征

（一）科技英语翻译的词汇特征

了解和掌握科技英语的词汇和词法特征具有很大的重要性，这是因为一方面我们缺乏最为完善的科技英语词典，所以需要掌握一般的构词等规律和特征来判断和识别不熟悉的以及新出现的科技词汇。词典的编纂需要耗费大量的时间和精力。一般而言，一本词典从编写到出版需耗时约八年甚或更长的时间，这是司空见惯的。然而在编写词典过程中，语言却没有停止发展。因此，任何描述现代语言的词典所标榜的"新"，只能具有相对性，不可能做到绝对的"新"。即便后续编写了增补本，但与日新月异、一直都在变化发展的语言相比，词典语库的更新永远具有"有限性"和"滞后性"。另外，随着新学科、新技术、新材料、新设备、新工艺的不断产生，新的科技词汇和新的科技术语大量涌现，其数量之多、速度之快，远非英语中其他问题所能企及。为此，目前在使用中的英汉科技词典，包括一些专业性很强的分类词典，已经很难全面满足科技英语翻译之需，而且不少科技英语词典的质量有待提高。所以，了解和掌握科技英语的词汇和词法特征以及主要的翻译方法，对于快速掌握科技专业词汇，准确理解词义，做好科技英语的翻译工作具有重要现实意义。

（二）科技英语翻译的句法特征

第一，使用名词化结构。科技英语的一个重要句法特征，就是大量使用名词化结构。名词化结构在科技英语中主要有三个作用：①适合表达定义、定律、原理等抽象概念；②可以较少使用人称主语，体现科技概念的客观性；③有效简化叙事层次和结构，使行文更加直接、紧凑、简洁。

第二，使用长难复合句式。科技英语要求思维严密，论理精确，因而往往加入一些修饰性、限制性的语句，而通过频繁使用语法功能极强的介词短语和各类非限定性动词短语，又可以使句子结构长而不乱，信息分布合理，给人一气呵成之感。

第三，使用一般现在时。科技英语倾向于多用动词的现在时，尤其多用动词的一般现在时，以描述通常发生或并无时间限制的自然现象、过程、常规等，或者表述科学定义、定理、方程式、公式的解说以及图表的说明。但叙述过去发生之事，使用一般过去式。

第四，使用条件句式。一般条件句式由两个句子组成：表示假设条件的"if"从句在前，后面的主句则说明满足该条件时才会出现的推论或后续步骤。在做假设时，有时还使用虚拟语气。

第五，使用后置定语。后置定语是指位于名词或代词之后的定语，常为形容词、副词、介词短语、非限定动词、同位语和定语从句等。科技英语的准确性和严密性使其频繁使用后置定语。这也部分地造成了科技英语中复杂长句多的现象。尽管定语是句子的次要成分，但对后置定语的处理是影响译文质量的重要因素之一。

第三节　旅游英语的翻译

旅游英语翻译，作为推介旅游资源的重要手段，对我国旅游业的发展以及对外交流都发挥着重要作用。近年来，为满足社会对专业翻译人才的需求，许多高校开始重视专门用途英语（ESP）课程，特别是旅游英语翻译课程的开设，这也极大推动了旅游英语翻译事业的发展。然而，旅游英语翻译质量仍存在许多问题，这些问题很多是缺乏跨文化交际意识引起的。因此，"在强化译者语言基本功的同时，如何消除文化差异造成的不必要误解，提升对外旅游宣传质量，值得引起外语教育工作者的关注"①。

旅游英语翻译作为翻译活动的一个分支，不仅是语际转化过程，更是两种不同文化的碰撞与交流。由此看来，正确处理文化交流与碰撞中遇到的问题，对提高旅游资料翻译质量至关重要。

一、旅游英语翻译的标准

翻译的标准问题从研究翻译活动之日起就受到人们的广泛关注，也是翻译界争议最多的一个领域。所谓翻译标准，是指翻译活动中译者所遵循的原则，也是翻译批评家评价译文时必须遵循的原则，它既是翻译实践的准绳，某种程度上说也是衡量译文好坏的尺度。严复曾提出，翻译活动首先应该做到"信"即译文须对原文忠实准确。泰特勒也认为，译文应完全复写出原作的思想；译文的风格和笔调应与原文的性质相同；译文应和原作同样流畅。

在旅游翻译活动中，旅游资料翻译，作为我国对外宣传的重要手段，翻译效果的好坏直接影响我国的国际形象。因此，在遵守"信"的翻译标准、坚持正确性与科学性的同时，译者更应该树立跨文化翻译观，将目的语读者放在首要位置，强调旅游翻译效度，有效传播中国文化，让更多的外国游客认识中国、了解中国。

二、旅游英语翻译的文化差异处理

旅游翻译主要是通过翻译让翻译后的旅游文本符合译语接受者的审美情趣，起到传递信息、诱导游客、宣传当地文化等功能。采取合适的翻译策略和方法来处理旅游英语中的文化差异是十分必要的，其目的就在于使译文符合西方的审美观点和思维方式，让西方读者看后有深刻的印象。根据翻译目的论，在旅游英语翻译教学中，应着重培养学生处理中西方文化差异的能力，使其在进行旅游英语翻译时学会运用以下策略。

第一，景点名称的音译和意译的恰当选择。旅游英语专业学生在对一些景点、景区名称进行翻译时，常出现音译与意译运用混乱的现象。为避免此现象，应使学生明白音译与意译的特点，在翻译时做出恰当选择。

第二，历史人物、事件等的说明性翻译。中国拥有悠久的历史和古老的文化，在介绍文物古迹的时候，总会联系到大量的历史事件和朝代名称，而国外游客对我国的历史朝代并不熟悉，因此最好补充一个朝代的公元年份。在翻译国外游客不熟悉的历史名人时，可

① 吴丹. 跨文化意识下的旅游英语翻译教学 [J]. 海外英语，2014（10）：168.

以添加相关的背景资料，补充这个人的身份，在历史上的地位和功绩等，以增加国外游客对此人的了解。对国外游客而言，在文化旅游中最有吸引力的是感触和体验异域的不同历史文化和风土民情，而这又是旅游翻译中的精髓所在。

第三，特殊文化、事物的解释性翻译。对一些中国特有的历史事物、历史上的典故、神话传奇和独特的民族传统节日的翻译，应增添一些解释性文字加以说明，以便更好地让国外游客理解。

第四，文化借用。"所谓文化借用，就是借用西方文化中比较知名的人物或事件来解释中国文化所特有的内容。"[①] 这样做的好处是可以让西方客人用中国文化与西方文化进行对比，增加他们的印象，更好地理解中国文化特有的内容。

第四节 财经英语的翻译

财经涉及的面较广，包括金融、投资、保险、财会、经营管理、市场营销、信息处理、合同和法律文书等，由于涉及权利和义务的方方面面，财经英语表达严谨，语法结构复杂，不允许有半点纰漏。

一、财经英语翻译的特点

财经英语翻译教学的特点是用词准确、语言明了、行文简洁、表达客观、条理清楚、内容确切。

（一）术语性强，特色鲜明

第一，专业术语。财经术语词汇的含义同我们日常所熟悉的意思不同，需特别注意。equity（capital stock）股本，go public 上市，blue chip 蓝筹股（指由股实可靠的公司发行的值钱而又热门的股票），bull campaign 哄抬证券价格，pick up 股票上扬，liability 负债，current asset 流动资产，journal entry 日记账分类，periodic inventory system 定期盘存制，premium bond 溢价债券，underwriter 承销商，fractional reserve 部分准备金（银行根据法律必须保持存款中的一部分作为准备金），balance sheet 资产负债表，called-up share capital 实收股票资本，share premium 股票溢价，option 期权、选择权（在一定的时期内选择买卖的权利），in the money 实值期权，优价期权，at the money 平值期权，gold standard 金本位制，rate of turnover 周转率，share premium account 股票溢价账户（指公司股东的一部分基

---

① 赵阳. 浅析旅游英语翻译教学中的文化差异处理 [J]. 职业教育研究，2008（5）：85.

金，由购买新的股票溢价构成）。

第二，经常使用缩写。IPO（initial public offering）股票首发，LP（ledger page）分类账账页，FIFO（first in, first out）先进先出法，LIFO（last in, first out）后进先出法，CPA（Certified public accountant）注册会计师，VAT（value added tax）增值税，LCM（lower of cost or market）成本与市场孰低。

（二）内容缜密、周到，结构复杂、意思完整

由于涉及双方或几方面的利益，金融合同、文件或一个条约所给的定义、条款和内容必须精确。为了做到准确无误，不产生任何差异，用英语拟订、书写这些文件、合同时，除用词恰当外，还会用许多从句、短语用来修饰或限定其内容，因此结构复杂、句子冗长。

（三）被动语态、非谓语动词和情态动词的广泛运用

为了做到语言简洁、内容表达客观公正和有关事项描述的准确无误，在财经英语的使用中常出现大量的被动语态、非谓语动词、情态动词以及各种从句。具体如下。

例 1：Accounting is an information system of recording, interpreting, measuring, and analyzing economic activities.

译文：会计是记录、解释、衡量和分析经济活动的信息系统。

例 2：Capital transactions, whether long-term or short-term, are customarily designated as capital inflows and outflows.

译文：资本往来，不论是长期的还是短期的，通常称作资本流入和流出。

例 3：These loans might include money borrowed from the bank along with money borrowed by issuing certain types of security which is to be repaid within one year.

译文：这些贷款有的可能是从银行借的钱，还有通过发行某种形式的债券借的钱，这些都必须在一年之内还清。

二、财经英语翻译的策略

（一）准确理解原文的含义

一些财经英语的用法和日常英语的用法不大相同，我们平常所熟悉的一些普通名词在财经英语中意思经常会有一些变化，如何翻译这些术语和习惯表达法，以及这些词应该和哪些词搭配都是非常重要的。在翻译财经英语时，我们必须根据上下文去把握和理解其真正的含义。

例如：sight deposit 即期存款（又称"demand deposit"，在英国指存在银行等存款机构，不经事先通知即可用支票或提款单领取的存款），trust 信托，value date 计息日期，bank reconciliation 银行往来调整表，outstanding check 未兑付支票，check clearance 支票交换，discount ratc 贴现窗口，hedge 对冲操作（它是在期货市场采取与现货等量而买卖相反的交易方式），spot dollar exchange rate against pound 美元对英镑的即期汇率，swap deal 掉（调）期交易［掉期交易是在某一日即期卖出一种货币（美元），买进另一种货币（英镑）的同时，反方向地买进远期美元，卖出远期英镑，即把原来持有的货币来一个掉期］。

例1：Channel of distribution is a route taken by a product offer from supplier to consumer.

译文：销售渠道是产品从供货商的手中传到消费者的手中所经过的途径。

该句中 channel of distribution 的意思是"销售渠道"。

例2：Direct-response marketing is a channel of communication and distribution that allows provided of goods and services to interactively and directly access any person in a channel.

译文：直复营销是一个交际和分销的系统，利用该系统商品和服务的提供者能直接与该系统中的任何人员进行双向联系。

该句中 direct-response marketing 意思是"直复营销"。

例3：Marketing mix is the set of marketing tools that the organization uses to pursue its marketing objectives.

译文：营销组合就是企业为了达到营销目的所使用的一套营销手段。

该句中 marketing mix 意思是"营销组合"。

例4：Segmentation is the dividing of a market into groups of consumers that share common needs.

译文：细分市场就是把市场的消费者按其需求分成不同的群体。

该句中 segmentation 意思是"细分市场"。

（二）熟练掌握相关文体特点

文体不同其语言风格就不同，财经英语的语言非常精练、正式，有很多附加成分修饰。

例1：A draft（bill of exchange）is an unconditional order in writing prepared by one party（drawer）and addressed to another（drawee）instructing the drawee to pay a specified sum of money to，or to the order of，a third person（payee），or to the bearer, on demand or at a fixed and determinable future time.

译文：汇票是一方（出票人）写给另一方（受票人）的一种无条件的书面命令，指示受票人即期或定期在确定的日期将规定的金额支付给第三方（收款人）或付给第三方指定的人或支付给持票人。

这个长句子包含两个过去分词短语 prepared by one party（drawer）and addressed to another（drawee），一个现在分词短语 instructing the drawee…作定语，还有几个介词短语和固定搭配，如：a sum of money，to the order of，on demand or at a time。

例 2：Thus, what is bought and sold in the foreign exchange market is not actually foreign currency but rather bank deposit denominated in foreign currencies.

译文：因此，外汇市场上买卖的实际上并不是外币，而是银行外币存款。

句子的主语是"what is bought and sold in the foreign exchange market"；"denominated in foreign currencies"是过去分词短语作定语，修饰"bank deposit"，意思是"用外币命名的"。

（三）把握英汉语句的结构差异

英汉两种语言的主要句子结构大致是相同的，然而也经常有差异比较大的情况，翻译时需要慎重考虑。

例如：Insurance certificate has the necessary items of an insurance policy, but it doesn't set out the rights and duties of the insurer and the insured, which are still subject to the detailed insurance clauses of a formal insurance policy.

译文：保险凭证有保险单上的必要项目，但它并不列出保险人和被保险人的权利和义务。他们应以正式保险单详细的保险条款为准。

原文是一个句子，包含一个非限制性定语从句 which are still subject to the detailed insurance clauses of a formal insurance policy，这个非限制性定语从句和前面的内容紧密相连，是一个完整的句子，但翻译成汉语时需要把这个非限制性定语从句单独翻译为一个独立的句子。

（四）深刻理会词类转换

就句子内部而言，英语重形合，句子各成分联系紧密，汉语重意合，结构松散，更多依赖句内各成分的顺序。就句子之间的联系而言，汉语重视句子之间的联系，而英语不太重视句子之间的联系。

例 1：Public relation is the planned and sustained effort to establish and maintain good will and mutual understanding between an organization and its publics.

译文：公关旨在为企业与其公众对象间建立并保持良好的意愿和相互理解的、有计划的、持续的努力。

英语句子中的定语如果是短语的话一般放在所修饰的词语后，这样句子的各个主要成分联系紧密，句子结构形式一目了然。然而翻译为汉语时却要把定语放在所修饰的词的前面，这是由于汉语句子重意合，结构相对比较松散的原因。

例2：Cover note is an informal insurance document which indicates the temporary insurance coverage to enable the insured to enjoy the benefits of a pol–icy which is be-ing prepared.

译文：暂保单是一种非正式保险单据，它载明临时的承保险别，以便被保险人享用正在制备的保险单的权益。

这个英语句子中有两个定语从句，全句是个有机的整体，但在翻译为汉语时变为几个并列的短句，因为汉语句子之间的联系非常紧密，前后都有一定的逻辑关系。

第一篇 英语翻译研究

第二篇　英语教学研究

第四章　英语教学的思维构建

第一节　英语教学的学习思维

一、通过故事渗透培养英语学习思维

故事类教学素材对学生有着独特的学习吸引力。加强英语课堂教学故事渗透，能够为英语学科教学注入全新活力，充分调动学生英语课堂学习思维的积极性，扩展学生英语学习的思维广度，促进学生英语学科思维多元发展。高校英语教师应具备较强的教学资源开发、整合意识，根据学生成长个性需求，灵活选择故事类教学素材的投放时机，培养学生英语学科的观察思维、迁移思维、逻辑思维、发散思维、动态思维，提升学生英语综合素养。

（一）词汇中渗透故事，调动学生观察思维

词汇知识是英语学科教学最基础也最重要的教学内容。传统英语词汇教学中，教师习惯采用反复诵读、识记的"死记硬背"式教学方法，教学效率较低。因此，教师可以将词汇知识与故事情境结合起来，配合新颖有趣的故事内容，使词汇知识变得生动有趣。英语课堂的词汇知识以新内容为主，教师可以为学生提取故事中的词汇知识，并提供丰富的感性认知素材，调动学生的观察思维，引领学生顺利形成对新词汇的表象认知。教师在词汇教学中渗透故事素材时，要筛选理解难度较低的故事素材，以趣味性、生动性、直观性为主要原则，让学生专注于词汇知识初步感知和理解应用。

（二）会话中讲述故事，激发学生迁移思维

教师在英语课堂会话演练环节对接故事教学，组织学生通过创编英语会话学习任务，能够激发迁移思维。每节英语课堂中都或多或少包含一些会话教学内容，教师可以改变让学生重复诵读会话的教学模式，把这些会话演练内容融入真实具体的故事中，促使学生深刻把握所学英语知识的应用场景。教师可以立足学生英语会话学习认知起点，先引入一些会话内容密切相关的故事素材，为学生自主创编提供参考，再引导学生完成自主创编、合作创编学习活动，推动学生英语学习迁移应用。教师深潜教材中，以课堂教学的重难点知识为抓手，切入故事创编演练活动，启动学生英语迁移学习思维，帮助学生顺利突破这些重难点知识内容。

（三）讨论中引用故事，强化学生逻辑思维

高校英语课堂的优质教学离不开高品质的交互活动做支撑。教师可以有意识地增强英语课堂教学的协作性、交互性，在优化师生交互模式，加强对学生英语学习思维启发引导的同时，科学开展讨论交流学习活动，提高学生英语课堂交互频率和交互成效。具体操作时，教师可以将故事作为讨论学习的导学素材，依托紧密切合课堂教学英语知识的故事内容，启发学生从中提炼关键词汇、句型等知识要素，锻炼学生的英语学科综合性应用思维。教师应加强课堂讨论环节的思维引导，关注学生在课堂讨论时的表现，通过投放故事、思考问题、讨论学习任务等方式，促使学生紧密围绕故事主线展开讨论学习，从而提高学生英语学习的效率。

（四）训练中推出故事，提升学生发散思维

故事素材有着很强的可拓展性，在英语学科教学中可以广泛渗透于多维度的语言训练活动。依托故事素材的独特教学优势，加强英语故事与各类训练活动的对接融合，充分发散学生英语学科学习思维，培养学生创造性学习的学科能力。教师要做好故事教学资源的发掘整合，组建内容丰富、涵盖面广的故事教学资源库，筛选投放难度不一、类型各异的故事素材，为学生英语训练提供丰富的感性认知素材，助力学生英语学科应用能力发展。教师要树立生活化教学意识，在训练中推出生活气息浓厚的故事素材，从而创造出更加真实的语言应用场景，彰显英语知识的使用价值，实现英语学科教学的"学以致用"。

（五）实践中搜集故事，构建学生动态思维

英语教师应高度尊重学生的主体地位，在加强故事教学资源整合投放的基础上，也要将学生作为故事资源开发的主体，使学生切身参与故事资源的搜集，拓宽学生对英语学科的认知视野。大学生的英语认知体系相对完善，也具备自主完成信息搜集和整理的学习能

力。教师可以增强实践活动的开放性，创意设计一些与课堂教学内容、社会热点事件、节日主题活动等相关的实践学习项目，组织学生利用信息网络，完成这些故事阅读素材的搜集整理，构建生本英语学科动态思维。教师要做好实践教学活动的长期规划，将搜集故事的实践活动作为定期开展的一种常态化教学内容，保持学科实践训练的连贯性和持续性，从而推动学生英语信息整合能力及阅读能力的动态成长。

二、通过范例教学培养英语学习思维

"范例教学"理论是由德国的瓦根舍因和克拉夫基等教育家提出的，是借助精选教材中的示范性材料，使学生掌握规律性的知识和能力的教学理论。教师可将"范例教学"理论运用于词汇、语法、写作等教学中，激发学生的学习兴趣，培养学生英语的探究和思维能力。

第一，范例中学词汇，归类中拓思维。词汇是英语学习的基础，构词是有规律可循的。单词由词素构成，词素派生出词义。如果掌握了词素，懂得了基本的构词方法，就能在规律中转被动记忆为主动理解。例如，在范例教学中，首先让学生观察一组词：fool（n.）、foolish（adj.），child（n.）、childish（adj.）。学生通过观察之后总结出：后缀-ish可加在部分名词后帮助构成形容词。通过多类别的范例示范，学生主动地获得构词规律，知识也得到了迁移，使他们认识到英语词汇并不是由一些字母随意堆砌而成的，而是由一个个有意义的词根、前缀、后缀组成的。其次，联想归类词群也可帮助拓展词汇。例如，教师给出"transport"一词，让学生"头脑风暴"学过的有关交通的词汇，如 taxi、metro、plane 等，然后教师再补充一些相关的新词汇。同样，给出主题词汇 fruit，学生可联想出pear、strawberry、mango 等。在范例中利用词汇之间的内在联系，学生可以探求规律，进行归类学习，从而获得一些知识。

第二，范例中悟语法，操练中获知识。英语语法教学不能一味地让学生机械操练，而应该将语法的范例和情境紧密联系在一起，有助于学生举一反三，进行学习迁移和实际运用。教师在运用"范例教学"时，要整合教材并选择有示范作用的典型事例和学习材料。这些材料要有利于学生发现规律、探究总结和拓展思维。

第三，范例中谋篇章，细节中促表达。在英语教材中 Task 板块是单元最终成果的展示，每篇文章就是一个范例。教师可通过引导学生对这些文章的内容和结构的分析，从而帮助学生明确写作思路，厘清篇章结构，活用典型例句，并以此为契机，学会类似题材作文的写法。教师可先让学生观察范例文章，然后组织学生探索类似题材作文的写作规律。例如，介绍一个国家或城市，可以通过介绍概况、历史、名胜古迹和特色来展开。然后在此基础上，教师可让学生以各自感兴趣的国家或城市为主题，按照范例的要求列出写作框架，丰富细节描述。在框架和细节的帮助下，教师再补充增强文章逻辑性的副词或连词，如 also、such as、so、moreover 等供学生参考。这些词汇适时地被运用在写作中，使文章条理清晰又富于变化。范例教学就是让学生在范例中探求规律，在规律中学会解决问题。游记、人物介绍、求助信等也都有相似的框架结构可供学生去探究、发现和总结。教师可以利用"范例教学"引发学生对同类作文的"共鸣"。

"范例教学"主张用典型的、带有基本性的教学材料作为示范，通过师生、生生间的讨论与探究，获得共性认识，总结出一定的规律，学生再通过实践运用，将这种认识和规律进一步迁移。因此，在英语教学中，教师要灵活地将"范例教学"理论运用于课堂教学，通过"典型示范—探究总结—运用提升"的方式，开阔英语教学的新思路。

第二节 英语教学的思维模式

一、英语教学的创新思维

（一）创新思维在英语教学中的作用

学生学习英语的过程不是简单的知识积累，而是要通过对知识的消化掌握，形成和纳入自己的知识体系，并熟练进行运用，这就要求在英语教学中主要培养学生的创新思维能力，注意运用各种创新思维的教学方法。运用创新思维的教学方法可以培养学生的创造性思维，强化学生在听课过程中的反思意识，建立和谐互动的师生关系，营造创新求索的教学氛围；同时运用创新思维还可以激发学生学习的主体意识，培养学生自主学习的能力，使学生加深对知识的理解和运用。

（二）创新思维在英语教学中的运用

1. 发散思维在英语教学中的运用

发散思维又称作"多项思维"，是创新思维的一种类型，也是创新思维的核心内容，发散思维就是通过想象和联想来发现事物的新领域、新方法、新观点。因此，教师要在英语教学中运用发散性思维，可以通过设计一些适宜发散思维的多媒体课件，设计一问多答、举一反三的问题。例如，在学习了"pay attention to"这个词组之后，教师可以让学生进行发散性的思考：还有什么别的词组可以代替这个词组？有些学生会举出"focus on"，有些学生会举出"aim at"等，然后教师可以进一步提问这些词句的具体区别。又如，在学习了"salary"这个词之后，教师可以让学生比较"Income、salary、wage、pay"等词的词义区别，鼓励大家发散性地去思考问题。教师还可以让学生尝试用学过的词语去解释新学的生词，加深学生对新知识的理解。通过发散性思维在英语教学中的运用，可以使学生克服静止孤立思考问题的习惯，克服思维定式的消极影响，从而提高学生运用英语的能力。

2. 求异思维在英语教学中的运用

所谓求异思维，就是从同一材料中探求不同答案的思维，在课堂学习中可以要求学生用不同的语言表达同一内容，用不同的方法解答同一问题，从不同的角度分析同一人物形象，用不同的观念阐述同一作品的主题等，这些都是训练求异思维的活动。

求同思维适用于学生学习的共性因素，而求异思维则更容易适合于学生的个性心理差异，使学生更深入细致、灵活变通地掌握知识和解决实际问题。在英语教学中主要运用求异思维，这是因为学生正处于心理、生理发育的最快时期，他们好奇心强、求知欲旺盛、喜欢求新存异，有一定叛逆的特征。这些都是在英语教学中运用求异思维的基础，英语教师在进行教学时，要抓住学生的这些心理特点，鼓励学生对问题发表自己的看法，激发学生的求异思维。

3. 创意思维在英语教学中的运用

所谓创意思维，就是通过视觉和感觉神经将记录下来的信息储存，然后将不同信息进行分类消化溶解到本体思维中，而当新信息涌入时，本体思维就会迅速对新信息进行逻辑判断，使本体思维在不断地注入新信息的同时产生变化，从而形成新思维的一个过程。在英语教学中运用创意思维，可以充分地借助现代信息技术和多媒体技术等教辅手段，设计多媒体教学课件，让学生对学习的内容有直接的感官认识。在使用多媒体课件进行英语教学时，要力求课件的作用能够达到使学生的形象思维转化为抽象思维，由感性认识上升为理性认识。同时，教师要在教学中对学生进行指导，让学生对学习的材料有充分的认知，同时把要教授的知识点融入课件之中，在学生观看的过程中，对其进行引导和启发，加强与学生的互动沟通。

4. 逆向思维在英语教学中的运用

逆向思维是对司空见惯的似乎已成定论的事物或观点反过来思考的一种思维方式，这种思维敢于"反其道而思之"，让思维向对立面的方向发展，从问题的相反面深入地进行探索，树立新思想，创立新形象。当大家都朝着一个固定的思维方向思考问题时，可以朝相反的方向思索，这样的思维方式就叫逆向思维。

在英语教学中运用逆向思维，就必须要求教师解放思想，敢于突破原有的一些思维定式。例如在教学中，教师不一定要严格按照大纲规定的教学进程，从 UNIT 1 开始教起，教师完全可以按照自己的教学思路，在确保学生可以接受的情况下，从有利于教学开展的单元开始教学。又如新一轮课程改革后，教学的内容分为必修和选修两个部分，必修的内容不一定要花较多的课时进行学习，选修的单元也可以相对多花时间进行学习。

综上所述，高校英语教学中创新思维的运用对于培养学生的创新思维能力、激发学生学习的主体意识、建立良好的学习氛围和师生关系具有重要的作用。因此，教师应注意多角度、全方位设计各种问题，激发学生的发散、求异、创意、逆向等思维，从而使学生对学习的知识由感性认识上升到理性认识，充分发挥学生在英语教学中的主体性作用，让学生根据所学的知识去创造、去探索，教师则要在学生创新、创造的过程中给予其必要的启发与指导，从而进一步增强他们学习和运用英语的能力。

二、英语教学的模仿思维

(一) 模仿思维在英语教学中的作用

英语教学的目的是使学生掌握一定的英语基础知识，培养学生在实际交际中熟练运用英语的能力。因此，应该在教学中改变以教师为中心，偏重语法结构的分析、讲解及机械的句型练习的教学模式，采取以学生为中心的模式，加强训练指导，指导学生多模仿英美原声，让学生体验纯正英美发音和地道的语音语调，最后升华内化为学生自己的特色。

1. 多听多读，注意知识的输入

听读是人的大脑对知识输入的过程。如果学生能够经常大声朗读英语，便能够促进其记忆，有助于英语学习的提高。同时，英文是典型的拼音文字，与汉语大不相同，学生通过大声朗读便容易懂得拼读的技巧和规则。当然，为了更好地提高朗读效果，学生在朗读前一定要多听几遍，然后试着模仿，逐渐培养自己的语感。而要想有较大收获，就必须做到每天坚持听读，这也符合语言学科的特点。

2. 大胆开口，强化知识的输出

有了听读作为铺垫，学生还要多讲多说。因为开口讲话正是语言的输出，只有语言的输出足够多，才能真正学会一门语言。作为英语教师，应尽可能多地为学生创设机会，让学生开口说英语，使学生克服怕说错怕丢人的心理障碍，让他们不但在课堂上可以大胆地用英语交流，在课余时间也能积极大胆地用英语相互交谈。可以在班级尝试性地做英语角，每期给学生一个主题，任凭学生发挥，说错不要紧，就是锻炼学生开口说英语的胆量，这可以激发学生学英语的积极性，使学生对英语学习产生极为浓厚的兴趣，从而提高口语交际能力。

3. 扮演角色，强调兴趣的推动

兴趣是引导学生学习的最好的老师。兴趣导航，事半功倍。教学中，可以尝试性地让学生进行角色扮演的游戏，为他们创设最真实的语言环境，让学生能够灵活运用所学语言处理实际问题。

（二）模仿思维运用于英语的注意事项

第一，选择正确清晰的英美原文。利用软件跟读来训练自己正确的语音语调，提高流利程度，培养英语语感，这是模仿的必要手段。在指导学生选择听力材料时需十分谨慎，为学生把好关，免得学生把宝贵的时间、精力浪费在模仿错误的材料上。

第二，大声模仿，注意总结。大声模仿，这点特别关键。模仿英美原文时一定要大大方方、清清楚楚，注意指导学生口型要到位。当然，学生刚开始模仿不可能像外国人说得那样流利，此时应指导学生把语速放慢，慢速模仿，只有发音到位，口腔打开，音发准了以后，才可以逐渐加快速度，并逐渐采用中速和快速，最后直到流利的口语脱口而出。

第三，反复、仔细模仿，最后升华内化。英美原声的英语固然优美，但那不是一朝一夕就能够达到的，模仿时一定要有耐心、恒心和信心。模仿的练习必须反复进行，只有不厌其烦地重复模仿，才能达到量的积累，从而实现质的飞跃。但反复、重复的操练和模仿并不等同于机械地让学生做一些无用功。仔细透析一下便发现，学生在重复模仿的过程中，或多或少都增加了思考，他们在这一过程中，实际上会形成对发音规则的潜意识，最后经过不断的由强化训练到自觉练习，久而久之就会内化为自己的发音风格。

模仿英美原声在英语口语教学中的作用日益凸显。模仿不但刺激了学生的积极性，而且能够真正地提高学生的英语口语水平，从而让学生在学习英语的道路上形成良性循环。而英语教师也在指导学生进行英美原声的模仿训练中掌握了技巧和经验，从而促进了教师自身业务水平的提高。可见，模仿的充分应用和正确应用能实现教师在英语教学中的双赢。

三、英语教学的艺术思维

（一）艺术思维在英语教学中的作用

随着经济的发展和社会的进步，人们对于物质文化生活水平的要求不断提高。人们不再满足于一般的物质需求，而追求更高的文化生活和艺术的享受。社会从而加大了对艺术人才的需求，加上高校扩招，大批艺术类学生涌入高校，这对高等教育提出了更高的要求。"同时，艺术人才参与国际竞争与交流也越来越成为必要，而英语是艺术人才进入国际平台的基础条件，它不仅是实用的交流工具，也是艺术人才自身素质和层次的重要体现。"[①] 因此，艺术类学生的英语教师应充分认识到英语教学对培养艺术人才综合素质的重要作用，进而研究影响此类学生学习英语的因素及教学对策。

艺术类专业学生在学习英语的过程中会不自觉地受到艺术思维方式的影响，艺术思维方式在他们英语知识的学习和语言交际能力的培养上起着引导作用。艺术类专业学生作为学生中的一个特殊群体，其艺术思维方式特点使其在英语学习中存在着群体差异和特殊的心理倾向。

（二）艺术思维在英语教学中的特征

根据思维任务的性质、内容和解决问题的方法，思维的种类可以分为直观动作思维、形象思维和逻辑思维。形象思维是指人们利用头脑中的具体形象（表象）来解决问题，表象的主要特征是直观性。直观的形象为概念的形成提供了感性基础，并有利于对事物进行概括的认识，促进问题的解决。艺术家、作家、导演、设计师等更多地运用形象思维。

1. 感性的特征

艺术思维是一种渗透着主体浓烈情感因素的思维活动，是一种寓情于理的思维。因此，在英语学习中，艺术类专业学生对充满强烈情感体验的课堂活动会表现出极大的热情。例如学舞蹈的人听到乐曲会情不自禁地随着节奏摇摆，学音乐的人听到熟悉的音乐会和着唱起来。教师在课堂中可以播放一些能够震撼学生内心情感的英语影片供学生欣赏，或把课文内容改编成戏剧，并由学生担任角色表演，以此促进学生的英语学习。

很多艺术专业的学生对英语的学习态度是消极的，换言之，班集体的消极情感占了主导地位，通常导致学生被动学习和抵制学习。教师要善于调动班集体的积极情感，发现学生的长处，善于捕捉学生的每点进步，并让学生感受到自己的进步，进而坚定学习的信心和决心。教师要善于鼓励，及时反馈，要创造机会（如竞赛、表演、演示等），让学生展示自己学习的成果，使学生体验到一种成就感。这种成就感不但可以激发学生进一步学习的信心和决心，而且可以形成英语学习的良性循环。

另外，也可以尝试小组学习，即把大班分成自我驱动的小组，在小组中进行合作学习，这是人本主义心理学家倡导的一种学习方式。合作小组由四到六个学生组成，他们为了共同的目标而团结起来，为完成任务、使每个人得到提高而一起学习。小组学习的形式有拼版式、小组调查、角色扮演、学生小组成就分工法、小组讨论等。小组学习使学生能

① 方燕芳. 英语思维与英语教学 ［M］. 成都：电子科技大学出版社，2017：103.

第二篇 英语教学研究

在轻松合作的氛围中学习，发挥团队合作精神，体验集体感、荣誉感和成就感。

2. 形象性的特征

艺术思维是直观类思维方式的一种，是与形象思维有直接关联性的特殊思维方式，在艺术思维活动中，思维的对象并不是抽象的概念和命题，而是具体、直观、形象化了的东西。因此，在英语学习中，艺术类专业学生会趋向喜欢形象的东西，如更多地关注教师的体态和姿势，希望教师能借助音调、节奏、手势语、体态语等生动的形象语言来授课，或是喜欢有插图的教科书。

对此，艺术类学生的英语教师应努力使教学过程形象化。形象化的英语教学应先遵循模仿原则。语言是人们在长时间的实践中形成的认同符号，孩子学语言是个模仿的过程，他们每天模仿父母、周围的人、电视等一切可以模仿的东西，并且模仿得越来越像。然后，他们渐渐停止了模仿，并且逐渐形成融合自己个性特征的语言方式。模仿是学习英语的基础，创新源于模仿。作为英语学习者，必须模仿已有的东西，只有通过模仿，真正掌握了英语的灵魂、精髓之后，才能形成自己的语言风格。

艺术类学生对语言的模仿就是对具体直观的形象的模仿，这种直观的形象反过来也就要具有艺术性。这要求教师能通过优美的板书、得体的教态、幽默的语言和机智的课堂表现，向学生展示其人格魅力和艺术修养，借此对他们进行潜移默化的感染。在教学过程中，教师可利用简笔画、英文歌曲、英语绕口令和短剧表演等表现形式来增添教学的艺术性，使学生获得足够的审美体验。教师还要注意对课堂教学的调控，使其富于变化，有高潮、过渡，交替自然，难易适中，能调动多种感官活动。一堂好的英语课就像一首美妙的乐曲，应该是跌宕起伏、动静结合的既有酣畅淋漓的热烈感受，也有恬静安详的轻松氛围。

第三节　英语教学的多元思维

一、跨文化交际思维下的英语教学

（一）跨文化思维下英语教学体系的分析

语言与文化是共生的，二者相互影响、相互作用，哪一方都不可能脱离另一方存在。因此，在英语教学中，英语教师不仅要向学生传授英语语言知识，而且还要积极为学生创设绝佳的语言环境，使其可以在具体的语言环境中学习词汇、语法知识，形成学生跨文化的语用意识，了解英语国家社会习俗、文化习惯，长此以往，学生的跨文化交际能力必定有所提高。

1. 跨文化思维下英语教学的意义

（1）跨文化思维下英语教学的现实意义。语言与文化相互影响，并由交际连接起来。人们学习语言与文化的经历会对其思维的形成与发展产生一定的影响，正因如此，说着不同语言、处于不同文化背景中的人才会形成不同的思维模式，而思维是交际的基础，有着怎样的思维模式便有着怎样的交际习惯。其实这也在表明，语言、文化与交际之间的关系是非常密切的，他们彼此总是相互影响的。人们在运用语言交际的过程中会将自身的价值观、思维习惯等文化层面的内容表达出来，而社会文化又在一定程度上给语言提供了形成与发展的"营养基"。交际则是作为一种中介，将语言与文化紧密地连接起来。

语言、文化与交际之间密切的关系对外语教学产生了较大的影响，语言教学即文化教学，而且这种观念甚至被传播开来。早期的外语学习是一种单纯地停留在语言本身上的学习。不过，这里需要指出的是，虽然早期的语言学习确实也让学习者具备了一定的语言技能，但并不意味着这种学习是一种真正意义上的语言学习，这是因为学习者只是获得了一个与母语不同的符号系统。该符号系统是单纯的语言系统，学习者并没有掌握外语的文化符号系统，这导致学习者在使用外语进行表达时只能表达一些浅层次的内容，如果他们想要与目的语语言群体进行深层次的交流，往往是不可行的。很明显，单纯的语言符号系统虽能独立存在，但是当其被应用时必须与文化符号系统相结合，否则没有任何活力。

依据不同的标准可以制定出不同的英语学习目标，而且不同的教育场所对学习者的学习要求也不同，学校重在培养学生的外语交际能力。学习者外语能力的提高的前提条件是其必须了解目的语的文化，并且在了解目的语文化的基础上，完成对该文化与自己母语文化的对比，这样就能保证自己可以熟练地掌握两种文化，毕竟语言的学习涉及的也是两种文化的学习。因此，对于语言教学而言，如果教师只是关注语言符号与形式，而不对文化教学予以重视，这必定削弱语言教学的效果。同时，学生的跨文化交际能力培养与提高也会受到一定程度的影响。

第一，跨文化交际能力是人才培养需要。跨文化交际能力的培养不仅对个体发展有重要的影响，而且对国家，甚至对世界的发展都有一定的影响，基于此，跨文化交际能力培养问题受到了人们的广泛关注。在这个背景之下，跨文化交际学也形成与发展了起来，它是一门注重跨文化研究的学科，提倡要对语言学习者进行跨文化培训，为培养跨文化交际人才提供了学科指导。不过，需要明确的是，跨文化交际能力的内容十分丰富，不仅包括学习者的情感、心理等行为层次，而且还包括价值观、交际模式等文化层次，可见，一般培训时间较短的跨文化培训对于学习者跨文化交际能力的培养并没有实质性的帮助。

第二篇 英语教学研究

目前对英语人才的要求越来越高，不仅要求英语学习者掌握一定的语言理论知识，而且还要具备跨文化交际能力，尤其是在全球化理念不断推进的背景下，跨文化交际能力显得愈加重要。高校的英语教学旨在提高学生在跨文化交流中的技能，以满足全球化的发展需求。跨文化英语教学必须肩负起应该承担的责任，努力为社会输送具备较强跨文化交际能力的英语人才。

第二，跨文化英语教学是教学发展需要。英语教学虽然是一门强调应用的学科，但是其理论体系的构建同样重要，而且因为这一学科受到教师教育观念、学生学习心理以及社会环境等多重因素的影响，以至其理论体系的构建必须与其他学科的研究成果相结合。与此同时，英语教学主要为社会输送社会需要的人才，因此教师的教学理念必须与时代发展需求相适应，教学大纲也应该与时俱进。在多元文化发展的今天，文化为英语教学打开了一条新的发展道路，跨文化英语教学逐渐被提上日程。

总而言之，跨文化英语教学意义重大，要对其予以足够的重视。一方面，文化确立了其在英语教学中的重要地位，它为学生的语言学习提供了比较真实的语境，使学生在语言学习中能考虑文化场景，连接真人、真事，这就在一定程度上激发了学生学习英语的积极性，并促进了英语教学质量的提高；另一方面，语言教学与文化教学的结合符合跨文化交际能力培养的需要，学生学习文化的渠道广泛，尤其是在信息技术快速发展的今天，他们可以从互联网上轻易地获得自己想要的文化知识。但需要指出的是，通过网络渠道获得文化知识只是一种间接的文化学习，而通过语言学习文化知识则是一种直接的学习，学生在语言学习中可以亲身体验文化，从而使自己可以在情感与行为层面上与跨文化交际能力培养的要求相一致。因此，在英语教学中开展跨文化培训能够取得良好的效果：一方面，使学习者语言学习的需要得到了满足；另一方面，则让学生的跨文化交际能力获得了培养与提高，这同时也表明，英语教学的潜力被挖掘出来了。

（2）跨文化思维下英语教学的研究意义。

第一，跨文化英语教学研究在英语教育中的地位。跨文化英语教学研究对于跨文化英语教学有着很大的现实意义，这是因为二者存在一定的共性，跨文化英语教学研究的目的是培养人们的交际能力以及其适应不同文化的能力，而中国跨文化英语教学把帮助学生完成成功的跨文化交际，提高其跨文化交际能力看作教学最根本的目标。

语言与文化关系密切，相互作用、相互影响，这让文化在语言教学中也占据了非常重要的地位，其实也在表明，在英语教学中，文化是必需的内容，是学生进行跨文化交际的基础。在英语学习中，学习者总是能体会到母语对英语学习的干扰，但是他们并没有认识到文化也能对英语学习产生影响。其实，文化对语言学习的影响很大，一个人要想获得成功的交际，其不仅要掌握一定的语言知识，更重要的是必须了解交际对象的文化背景，并对相关文化知识做到清楚地掌握，这样才能促成成功跨文化交际的实现。

其一，跨文化英语教学研究为跨文化英语教学实践活动提供理论支撑。英语教学受到许多因素的影响，这些因素包括语言环境、社会规范以及文化规则等，只有将这些因素与语言符号系统紧密结合在一起，才能实现英语教学的有效性，学习者也才能顺利地完成跨文化交际。而对影响英语教学的这些因素所进行的研究其实也是跨文化英语教学研究的一部分，可见，随着英语文化教学的不断开展，跨文化英语教学研究可能会成为英语教学的重要部分，为英语教学实践活动的开展提供理论支撑。

跨文化英语教学研究成果源于教学实践。例如，对跨文化英语听力教学进行研究就必须对英语听力教学实践展开必要的分析，在英语听力理解中，教师经常会听到一些学生在抱怨明明自己已经花费了很多时间去训练听力，可是效果并不好，尤其是当其听到一些生词时，其理解起来相当费力。究其原因就是学生对英语语言背后的文化没有做到清楚地了解，如果他们能对西方文化有深入的了解，那么即使他们不懂得这个生词的意思，只要联系一下该词汇所处的文化语境，其实就能明白其意思，进而也就能顺畅地理解听力材料的内容。鉴于此，文化对听力教学的影响可见一斑，我们可对这一问题展开探讨、研究，还可以将研究成果应用到后续的听力教学中。

其二，跨文化英语教学研究指导跨文化英语教学根本目标的确立。跨文化英语教学的根本目标就是要培养与提高学生的跨文化交际能力，而具体通过跨文化英语教学实现这一目标就需要一定的理论支持，跨文化英语教学研究就为目标的实现提供了必要的理论支持。跨文化英语教学研究会包括对跨文化英语教学目标的研究，而且这些研究都是在分析、总结跨文化英语教学实践的基础上得来的，因而既科学又合理，对跨文化英语教学目标的确立有一定的指导作用。

第二，英语跨文化教学研究推进英语教育进程。当前，国家大力提倡素质教育，培养学生的人文素质、创新素质等已经提上教育的日程，并且开始在高校各专业教学中具体实施。英语跨文化教学在语言教学的基础上重视文化教学，有利于学生掌握较为全面的文化知识，帮助其培养自身的文化素养。而究竟怎样在英语跨文化教学中培养学生的人文素质，这不仅需要教师的努力，而且还需要研究者的助推。英语教学研究者通过对英语跨文化教学规律进行探索，总结出了不少跨文化英语教学方法，以及一些培养学生人文素质的策略。这些研究成果极大地推进了英语素质教育的进程，使英语教学也能成为素质教育实施的有力工具。

2. 跨文化思维下英语教学的原则

从语言使用层面上来看，语言使用需要在一定的文化环境中进行，正是从这两个方面看，英语语言教学必然涉及跨文化教学，而且跨文化教学必然也会通过语言教学来实现。

跨文化英语教学活动的开展需要遵循以下原则。

（1）输入与输出并重。跨文化英语教学中的知识的输入与输出可以从以下两个方面具体展开。

第一，文化层面。英语教师在跨文化英语教学中，要让学生明白西方文化对于英语学习固然重要，但是如果不了解中国文化，不清楚中西方文化的差异，英语学习也只能停留在语言层面，深层次的文化学习是无法实现的。同时，教师要加大在英语课堂上中国文化的输入，让中国学生了解到中国文化的魅力，从而使其可以在与外国人进行交际的过程中向其进行中国文化输出。

第二，语言层面。跨文化英语教学并不是简单地将文化知识直接展现在学生面前，让其学习、消化，而是要以语言为载体，使学生完成对文化语言知识的输入、吸收，当学生进行文化语言输出时，其就能完成高质量的输出。文化语言输出是十分有必要的，其最重要的作用就是要树立学生的自信心，这样就能在跨文化交际中使用流利的文化语言完成交际。在跨文化英语教学中，输入与输出这一原则对于培养学生文化知识的双向导入的能力至关重要，可以让学生在国际交往中用英语友好而顺畅地交际。

（2）教学体现有效性。跨文化英语教学的最终目的就是要对学生进行跨文化交际能力的培养。有效交际的实现需要一定的条件，前提条件是交际双方要共享一套语言系统，而其他条件还包括交际环境、情境以及规范系统。需要指出的是，这里的交际环境包括两部分：其一，宽泛的交际环境。它主要包括地理环境、文化环境等，这类环境能对交际产生间接的影响；其二，具体的交际环境。它主要包括交际双方的角色、交际发生的具体场合等，这类环境一般可直接对交际产生影响。情境一般是指文化情境，是交际双方在交际时所处的文化背景。规范系统是保证交际双方交际顺利进行的基础，双方都必须遵循一定的规范。

文化英语教学内容其实十分丰富的，教师要实现教学的有效性，就必须将这些内容都纳入教学。具体而言，文化知识的引入可以循序渐进进行，首先，可以将地理文化、情境文化这类相对而言比较浅层的文化引入教学中，先让学生对文化有最基本的了解。其次，教师再将文化深层次的内容——价值观与社会规范引入教学中。这种内容设计与组织是符合教学规律的，因此，教学的有效性能很快实现。

（3）与语言教学相融合。跨文化教学并不仅仅是文化层面的简单教学，它必须与语言教学结合起来，这是因为跨文化英语教学的目的是帮助学生培养其跨文化交际能力，使其在跨文化交际中能规避语用失误。因此，跨文化教学绝对不可能离开语言教学而存在。文化教学必须与语言教学相结合，教师最好将文化内容贯穿到语言教学的所有环节中。学生在学习语言的过程中，同时也完成了对文化知识的学习、对语言知识与文化知识的扎实掌握。这能够帮助学生认清文化教学与语言教学的关系，同时也能帮助其进行成功的跨文化交际。

（4）以文化学习促进语言学习。英语课程是一种兼具工具性与人文性的课程，要求学生不仅要掌握基础语言知识，而且还要掌握语言背后的文化知识。因此，教师在进行英语课程设置时，必须考虑学生的文化素质培养以及跨文化交际能力提高问题。

语言是文化的载体，它记录与传承文化，所以，语言的教学与学习也不可能脱离文化而存在。同时，因为语言也承载着丰富的文化，所以语言也变得更加多姿多彩，语言的使用才更加灵活多样。因此，学习者学习英语，不能仅仅学习语言知识，而且还要了解语言背后的文化内涵，只有这样，其才能灵活地使用英语。而对于英语教师而言，在英语教学过程中，其不仅要向学生传授词汇、语音、语法等语言知识，而且还要向学生传授文化知识，让其将文化知识的学习融会贯通到语言学习中，这样其语言综合运用能力就能有所提高。

英语教学应该强调以文化为中心，学生在学习语言的过程中完成对文化知识的学习。不过，这里的文化知识是全面的。跨文化英语教学给学生提供的文化知识很全面，这可以在一定程度上拓宽学生的知识面，拓宽其文化视野，在此基础上，其就能对了解到文化知识对于英语语言学习的重要性，从而根据自己实际的学习情况调整自己的学习目标与学习计划，将文化知识学习纳入自己的学习体系之中，对中西方文化知识的了解与掌握，能帮助学生成为真正的跨文化交流人才。

3. 跨文化思维下英语教学的内容

（1）目的语教学和目的文化教学。目的语教学与目的文化教学这两方面教学内容与当前英语教学内容是一致的，经过这两类知识的学习，学生不仅能够掌握目的语语言知识，而且还能运用所学的知识与目的语群体进行有效的交际，这种能够有效交际的能力就是外语交际能力。此外，在这两个模块教学中，还可以增加语言意识和文化意识教学。之所以要将语言意识纳入模块之中，主要的原因就是希望学习者在学习完英语之后，可以将英语与自己的母语进行比较，进而发现二者的差异，总结语言的普遍规律，最重要的是要能认识到社会、文化在语言形成与发展过程中所起的重要作用。而培养学习者的文化意识则是让他们对中西方文化有足够的了解，保证其跨文化交际能力能有所提高。此外，文化教学还涉及文化交流这部分的内容，文化交流是学习者本族文化与目的文化之间的交流，换言之，学习者在学习英语的过程中还要多接触西方文化，从而保证自己可以在中西文化对比中认识到本国文化的优势以及西方文化学习在英语教学中的重要性。文化交流与文化使用并不是单独存在的，二者一般属于一个范畴之内，相互作用。

（2）其他文化教学。跨文化交际能力是学习者在掌握目的语言乃至文化的基础上产生的，同时学习者还要兼顾母语乃至本国文化，以使自己可以在两种文化的交流中实现跨文化交际能力的提高。可见，英语教学不能排除其他文化的内容，一旦其他文化内容脱离于英语教学内容之外，那么，学习者在语言学习过程中就会忽略其他文化，显然，跨文化交际不是一种文化的交流，其他文化也要参与其中，这就导致学习者很有可能无法形成跨文化意识。当然，英语教学的课时是有限的，教师与学生在课堂上的精力也是有限的，学生无法较为全面地体验多种文化系统，但是教师通过选择恰当的教学教材，组织新颖的教学活动，是可以让学生在情境中体验不同文化的，虽然这种体验可能与目的文化有一些差距，但是这在一定程度上也能摆脱母语文化对英语学习的影响。

（3）跨文化交际能力培养。跨文化交际能力的培养涵盖了知识、能力与情感的诸多层面，也就是学习者不仅要学习跨文化交际知识，而且还要培养跨文化交际态度，具备一定的跨文化交际能力。具体到跨文化交际能力的培养问题，还是需要跨文化交际实践来完成，教师为学生创设文化交际情境，学习者在情境中扮演角色，完成文化交际，这样学习者就能在交际中了解到一些交际注意事项，认识到文化冲突是无法避免的。当学习者在具体开展跨文化交际实践时，其就会更加自如。

跨文化交际能力培养还包括跨文化研究方法方面的教学，因为跨文化交际能力的培养并不是一蹴而就的，它需要学习者通过一生的努力来完成。如果只靠在校期间的教育来学习文化知识，显然是非常不切实际的，教师根本无法预知学习者在学习过程中遇到的所有跨文化交际问题。掌握一定的跨文化研究方法，对于学习者而言非常重要，这些方法能帮助其在具体的交际实践中自行选择交际策略。

（二）跨文化交际思维与英语教学的融合

1. 跨文化交际思维与英语阅读教学融合

（1）文化差异对英语阅读教学的影响

第一，词汇方面。词汇是语言系统中的支柱部分，同时也是构成文化信息的基本载体，在阅读的时候，学生的词汇量显然是一个非常重要的影响因素。助力学生了解词汇的文化内涵能逐步提高英语阅读教学的效果。具体到教学中，教师应该意识到词汇知识的重要性，并让他们逐步了解同样的一个单词在不同的文化语境下所表达的不同意思，这样就可以逐步提高学生的文化意识，从而助力他们阅读能力的提高。

第二，习语方面。习语也是文化的重要组成部分，在英语中有大量的习语，如果不明白这些习语背后的文化含义，就无法做到真正的理解这些习语。例如，动词的后边不能直接跟宾语，但是在某些习语中，就会出现这种情况，如"She can talk the hind leg off the a donkey"（只要她一开口就能滔滔不绝）中，talk 后面就接了宾语，如果熟悉这一习语，就会知道这句话的意思，但是对此不熟悉，就会认为这是一个病句。教师应该有意识地给学生输送一些常用的英语习语，让学生逐步积累、掌握更多的习语，从而也可以提高学生的阅读能力。

第三，语篇方面。英汉语篇之间的差异性很大，一般而言，英语语篇的观点等会在文章的开头直接说明，并且作者也会在开篇的时候摆正自己的态度，后面的才是论述环节。但是对于汉语语篇而言，其往往是归纳型的，一般而言是先进行陈述，在末尾的时候才会亮出自己的观点与态度。在阅读教学的过程中，教师就应让学生明确英汉思维的差异，并且明确这种差异对篇章结构的影响，这样学生就可以根据不同的语篇特点选择合适的阅读方式。

（2）跨文化交际思维下的英语阅读教学

第一，立足语篇和语境。在读英语篇章的时候，有些学生可能明明知道这个单词的意思，却仍然没法体会出这个单词与上下文的关系，也无法对篇章做出正确的理解，有的学生在阅读的时候并没有意识到中西方的异同，这样显然会给学生的阅读带来障碍。为了解决这个问题，教师就应该从整体的层面出发展开教学，并应该让学生拥有全局意识，只有这样才能不断提高学生的阅读能力：①让学生明确不同语言之间逻辑结构上存在的差异；②让学生明确不同语言的表达方式；③让学生明确不同语言的修辞差异。

第二，灵活应用各种阅读策略。

一是预测。在阅读的过程中有一个重要的环节就是预测，预测在阅读中发挥的作用是非常重要的，在阅读之前，学生就可根据课文中的一些关键词展开想象，并对相关的情节进行预测，这不仅能锻炼学生对知识的运用能力，还能助力于他们逻辑能力的提高，在不同的文章中会有不同的题目，这些题目往往就是文章中心思想的凝练与总结。教师可以引导学生通过标题去预测课文的主要内容，不论猜测的结果是怎样的，这都会助力于自己对课文的理解。

二是略读。在阅读的时候可以很快的速度通读原文，这样可以从总体上把握文章的主要意思，在阅读的时候并不需逐字逐句地读，往往仅仅需要读一下每段的首与尾即可。具体到实践中，在阅读的时候需要重点注意的内容包括：①段首与段尾；②文章的标题以及作者着重指出的部分；③文中的关键词；④文中的关键词语。

三是跳读。如果我们的阅读目的是寻找到合适的信息，那么就没有必要仔细地读，而是要采用跳读的方式，如果我们的阅读任务比较紧，无法进行通篇阅读的话，跳读就是一个不错的选择。

四是寻找主题句。在英语阅读教学中，教师可以将主题句出现的大体位置告诉学生，并且应该辅以具体的实例，一般而言，主题句的位置是比较灵活的，出现的位置包括：①

位于段首。有时候作者会将自己的观点态度先摆出来。②位于段尾。有时候作者也会将自己的观点放在段落的末尾，在此种情况下，这种主题句往往是对上面论述所有问题的总结。③同时位于段首和段尾。此时段尾的主题句是对段首主题句的总结与升华。从结构上而言，不同位置的主题句在结构上也是存在差异的。

五是推理判断。有时候并不能从文章的字面意思上找到所需要的信息，这时我们就需要动用自己的判断。在进行推理判断的时候，学生应该从全文的角度出发进行推理，这样才能得到文本的正确思想。一般而言，推理判断包括直接推理与间接推理，直接推理比较简单，一般理解原文的表面意思之后就可以得出结论。相对而言，间接推理就是一种比较复杂的推理方式了，它要求学生能够挖掘文章背后的深层次含义以及作者隐晦所指。

第三，融入背景知识。教师在开展阅读教学的时候需要围绕中心材料展开，那些材料的背景知识等对文章内容的理解是非常重要的，所以在教学的时候教师也应该着重对待。教师自己就应该明确关联性原则，并且在运用这种原则的时候就应该激活与此材料相关的话题与图示等。在具体的教学中，教师就应该将这些知识自然而然地融入教学中，并把握好其中的比例。

（3）英语阅读教学中跨文化交际思维培养

第一，利用教材扩展学生的跨文化知识。在培养学生的跨文化交际能力时，教师应该明确语言知识以及文化知识的重要性。①相对于其他的材料，教材具有更高的权威性，学生完全可以根据教材上的内容进行学习与模仿。②在特定的语境下，作者会发表自己的见解并表达自己的感情，其中就会涉及表层文化乃至深层文化。为了让学生有足够的时间去了解多元文化，让跨文化交际能够得以实现，学生就应该掌握一定的文化知识。③如果学生缺少某些跨文化理论，但是教材中所涉及的相关文化知识就能对此进行有效弥补，从而降低文化冲突的发生。

学生在学习教材中的文化知识时，能够帮助自己后续进行语篇的理解，并且更能把握好作者的言外之意。所以，教师在授课的时候应该全面挖掘语篇中的文化内容，让学生能更好地吸收其中的跨文化知识，从而取得语篇阅读教学的效果。

第二，强化学生的跨文化意识。教师应该重视阅读教学中文化渗透的重要性。一般而言，阅读不仅仅是去读各种文字，还应该体察到文字背后所蕴含的文化因素，如果没有在思想的层面上意识到文化的重要性，就容易导致理解偏差。所以，教师要在阅读教学中逐步培养学生的跨文化意识，并逐步抛弃原有的一些死板的教育方式。

在跨文化意识养成的最后阶段，行为主体能通过自己的理解去评判现存的某些文化现象，此时，其认知水平已经能够超越对文化的理解，而是从文化的优缺点出发进行评判。教师就应该让学生能够正视不同文化之间的差异，并能尊重不同的文化，同时也应该有自己的看法。

第三，开展有效的文化研讨。在探讨英语文化的时候，教师可以将其分成若干个小主题，并且在一定的时间里让学生对此展开讨论，在讨论的时候应该追求讨论的效果，而不应该流于形式，教师要尽力发挥所有同学的积极性，让更多的学生都能加入讨论的环节中。

在讨论之前，教师要确定一个合适的主题，同时在整个的讨论环节，教师都应该发挥好自己的支配以及控制地位。在学生讨论的时候，教师应该给他们一些建议，并帮助学生解决可能遇到的跨文化交际问题。随着这种讨论活动的开展，学生的文化背景知识也会得到进一步提高，从而增强他们的文化底蕴。

在各种课堂活动方式中，课堂讨论是极为重要的，讨论效果如何会影响到课堂的具体实施，在课程开始之前，教师就应该让学生提早做好准备，让他们明白阅读的重要性，并与之探讨相关的阅读对策。在具体的课堂教学实践中，教师应该让学生明确教学的目的，并让学生能反思自己的所得。同时，教师也应该明确规则的重要性，让讨论活动能够有秩序地进行下去。

2. 跨文化交际思维与英语写作教学融合

（1）文化差异对英语写作教学的影响。对于英语的写作，其构成的基本单位是词语，所以应该引起学生的重视，在众多构成语言的要素中，文化与词汇之间的关系是最为密切的，并且词语也是语言中最为活跃与有弹性的成分。在跨文化交际的研究中，对词语文化内涵的理解是一个非常重要的组成部分。在语言学领域中，那些拥有特定文化内涵的词语被称为"文化词汇"，这些词汇与文化之间有密切的关系，往往蕴含着深刻的文化含义。

在英语写作过程中会涉及很多文化词汇，如成语、俗语、禁忌语、称谓语、动植物词汇等。作为一名英语教师，应该在日常的教学活动中引导学生分析这些文化词汇，理解它们背后所展示出的文化内涵，这样才能让行文更为流畅，从而实现顺利交际。同时，思维及价值观念等的不同也会对英语的写作教学产生重要影响，这主要展示在句子的以及文章的布局上，对于教师而言，就应该站在布局的高度指导学生写作，从而逐步培养起学生良好的思维习惯，并让他们的英语写作水平能够得到进一步提高。

学生在写作的时候不可避免地会遇到一些结构方面的问题，在中西方思维差异的影响下，需要注意：第一，在赘言方面，为了引起其他人的注意，学生往往会为了引起读者的注意而多次强调自己的观点，表现在一句话中就是某些内容的重复、多次出现。在英语中，虽然有时候也会用到这种重复的手法，但是这种情况并不多见。第二，汉化方面，学生是在汉语文化背景下学习英语的，所以就不可避免地受到汉语文化的影响。一般而言，学生自己并不能意识到存在的问题，所以就无法进行改正。

英语句子一般而言比较紧凑，句子之间的逻辑关系非常强，句子中的那些衔接词一般是具有特定意义的，我们可以据此判断句子的含义。与英语相比，汉语更加重视意合，从结构上来看是比较松散的，句子之间的逻辑关系并不是那么清晰。

在汉语句子的内部，我们有时并不能发现那些具有某种逻辑关系的连接词，但是尽管如此也不会影响我们对句子的理解。在谋篇布局方面的问题，其根源就是英语重形合、汉语重意合。

一般而言，在阅读英文文章的时候，在开篇就能明确其基本观点，随着阅读的推进，我们可以进一步找到每段的中心句。在行文中，我们还可以发现很多连接词，从而让不同的句子与段落之间有更强的逻辑关系。但是我们在阅读汉语文章的时候，一般而言并不能通过开头以及中间部分明确作者所要阐明的主旨，而往往是读到末尾之后才能明确文章的主题。受到汉语意合的影响，学生在写作文的时候往往会出现重点并不突出的情况，要想让学生克服这一问题，就应该让他们多训练。

（2）跨文化交际思维下的英语写作教学

第一，跨文化交际思维下的英语写作教学的原则。①交际性原则。在写作课上，教师就应该多给学生展示一些交际的场景，让他们能从中感受到文化差异。写作之前的讨论活动以及写作之后的修改活动都可以小组的方式进行，这样就可以增强学生之间的交流。通过交流，学生可以获得更多的写作素材，在写作的时候也能更加得心应手。所以，在教学中遵循交际性原则是非常有必要的。②注重基础原则。随着教学活动的开展，学生存在的各种各样的问题就会逐步显现，如拼写及时态错误等，也有一些学生没有意识到细节的重要性，还有的学生在写作时会套用一些作文的模板，这些都是需要引起教师高度重视的问题。在实际的教学中，教师应该辅助学生打好写作基础，从而让他们的写作能力能得到切实提高。具体到教学中，教师就应该让学生明确上下文语境，避免学生进行套译。在开展句法教学的时候，教师应该让学生在理解语义的基础上进行句子的连接。同时，教师还应该从多处着手，让学生明确英汉思维的差异体现与背后原因。

第二，跨文化交际思维下英语写作教学的有效策略。

其一，培养学生的英语思维模式。在英语写作教学的过程中，教师应该引导学生对比中西文化与特征，让他们掌握英语篇章的组织方式，并逐步引导他们，让他们写出更高质量的文章。

其二，开设文化选修课，导入文化知识。教师除了应该在写作中融入文化知识以外，还应该进行有针对性的写作训练。一些与文化相关的选修课，如"语言与文化""语用学"等就可以逐步开展起来，这样不仅能让学生拥有更为广泛的接触西方文化的途径，还能让学生的视野得到进一步开阔，从而培养他们的文化意识。

其三，重视学生写作基本功的训练。教师应该加强学生词汇以及语篇等方面的训练，这样就可以逐步提高学生的写作能力。句子是文章的基本构成部分，所以教师就应该教导学生把握基本的句子成分以及特征等，这样就可以逐步提高学生的语言基本功。除此之外，学生还应该对英语的语法有明确的认知。

其四，增加英语阅读量，强化英语语言应用能力。学生只有通过大量的阅读，才能积累到足够多的词汇并对词汇的不同含义产生深刻的认知。在阅读的时候，学生可以通过作品去了解某个时代的概况，跟随故事中人物的情感去体味作者的感想，这样也可以使学生积累丰富的素材，并陶冶他们的情操。所以，阅读是非常重要的，不仅可以开阔学生视野，还能在一定程度上推动学生写作能力的提高。

其五，引导学生规范跨文化写作格式。在英语写作教学中，教师应该让学生明确不同的语言的文化要素，并且让他们能按照特定的表达结构进行书写。例如，当教师在指导学生写作信封文体的作文时，就应该让学生明确一般的写作顺序，因为英文的信封写作与汉语是截然不同的，所以教师就应该着重进行讲解，以免学生犯错误。

二、批判性思维下的英语教学

所谓批判性思维，主要是指对于某种事物或现象所发现的问题，并且依据自己的思考对其做出主张的思维。批判性思维需要对信息进行判断，并且保持清醒的头脑，不能盲目跟风，要使用批判性的眼光看待其中的问题。批判性思维是创新精神中的一个关键点，所以创新和批判性思维相互补充且相互作用。对批判性思维的培养，就是对创新思维的开发。加强对大学生批判思维的培养，能够促使大学生全面发展，提升社会创新能力。高校英语教学培养学生批判性思维的方法具体如下。

第一，强化学生英语思考能力。在高校英语教学中培养学生的批判性思维，应当基于英语思维而展开。但是很多大学生在思考问题时，都是以汉语为根本。这样一来，当学生面对英语问题时，往往会将英语翻译成汉语，再以汉语进行思考，并最终将思考结果翻译成英语。在这样的思考模式下，英语课堂教学很难有效培养学生的批判性思维。因此在教学实践中，高校英语教师首先要进行基础教学。在学生拥有足够单词量、语法知识量及阅读量后，再培养其批判性思维，往往可以取得事半功倍的效果。

第二，鼓励学生提问。批判性思维实际上是一个提出问题和解决问题的过程，主要是提出相关的问题，经过反复思考对比之后，逐渐形成新观点。在高校英语教学中，尤其是在英语阅读教学中，教师要让学生明白的是，教材上的内容不一定是真理。英语阅读材料有的是事实真相，而有些则是作者的判断与观点。在这种情况下就需要教师提出问题和假设，经过论证来质疑作者的观点，并提出自己的观点。所以，教师在教学中不要只是简单地提出学生使用是与否就能够回答的问题，而是要提出不同层次的问题，让学生可以经过一定的举例和验证，给出令人信服的答案。还可以鼓励学生自己提出问题，让学生养成敢于质疑的思考习惯。

第三，组织辩论，培养学生分析问题的能力。英语分组讨论或辩论活动能够让学生谈论相关的话题，并进行深入思考，对主题进行多方面的理解，进而使学生之间相互交流，提升学生解决问题的能力，使其树立以理服人的理念。在大学英语教材中每个单元都有一个话题，教师在讲课之前，可以以此话题为中心展开讨论，让学生对此进行思考，并且阐明自己的观点。这种方式不仅可以训练学生的口语能力，还能使其养成敢于批判、敢于思考的良好习惯。随后，学生通过激烈的讨论，会逐渐抛弃一些错误的观点，最终仅对少数几个观点展开讨论。在这种情况下，教师可以将学生分成若干小组，让各小组对相应观点进行内部讨论，并在讨论结束后推荐代表进行辩论。

三、多元文化思维下的英语教学

多元文化概念本身是针对传统的单一文化概念而言的。以往的文化发展定式是在一定的区域、地域、社会、群体和阶层中存在的某种单一文化。而多元文化则是指在一个区域地域、社会、群体和阶层等特定的系统中，同时存在、相互联系且各自具有独立文化特征的多种文化，它不同于以往的文化存在方式，在空间上具有多样性，在时间上具有共时性。

（一）多元文化思维下英语教学的原则

第一，文化性原则。学生学习英语不仅仅是学习单词及其语法，同时也是在学习语言文化。语言既是文化的一部分，也是文化的重要载体，因此文化教学理应成为语言教学的重要组成部分。加强文化知识的传授，鼓励学生积极参与实践，教师在强调学生基础知识积累的同时，应该贯穿英语交际能力的培养，注意英语文化知识的传授。

第二，交际性原则。英语学习的最终目的是使用英语，英语教学的最终目的是培养学生对英语的综合运用能力。因此，在教学过程中，教师要始终遵循交际性原则，以培养学生的交际能力为最终目的。

（二）多元文化思维下英语知识的教学

1. 多元文化思维下英语语音教学

语言是人类交际活动的重要途径。语音是语言交流的载体，如果失去了语音，人们的日常交往、商贸活动、语言教学都将无法正常进行，因此语音教学是语言教学的基础。在语音教学上，每个教师都应该了解英汉两种语言在语音方面的异同，注意英汉两种语音的对比，从而能够预见学生在语音学习中的重点和难点，在教学方法上采取相应的措施，以提高英语教学质量，减少甚至消除母语迁移的副作用。在语音教学中，要把听音—辨音—模仿—正音相结合，反复练习，从而为日后的英语听说能力奠定坚实的基础。

2. 多元文化思维下英语语法教学

词法和句法是英语语法教学内容的两大方面。词法主要包括构词法和词类。构词法主要涉及词缀、词的转化、派生、合成等内容，而词类则包括静态词和动态词两种。这里的静态词主要指名词、形容词、代词、副词、数词、介词、连词、冠词、感叹词等。静态词并非绝对的静止不变，如名词有性和数格的变化，形容词有比较级和最高级的变化等。动态词主要包括动词以及直接与动词相关的时态、语态、情态动词、助动词，不定式分词动名词、虚拟语气等。句法可分为句子成分、句子分类、标点符号三个部分。英语句子的成分主要有主语、谓语、宾语、表语、定语、状语、同位语、独立成分等。从目的上考虑，句子可分为陈述句、祈使句、感叹句、疑问句。从结构上看，句子则包括简单句、复合句和并列句。与句子有关的内容还包括主句、从句、省略句等。标点符号也是句法学习的重要内容之一，此外还有词组的分类、功能、不规则动词等。

第四节　英语教学的思维体验

思维是课堂教学的核心，无论是教师设问、学生自问、合作讨论、质疑等，都要围绕这个中心来开展，而评价这些活动的标准就是学生思维的质量。体验是学生领悟知识、实践知识的桥梁，每个学生都可以根据自己的体验、用自己的思维方式自由开放地去探索、发现和创新。教师要想方设法使学生真正参与课堂活动，从而提高他们思维的质量，让学生在体验中掌握知识培养学习能力。

一、善于等待并学会思维"留白"

很多英语课堂有一个普遍的教学现象：教师害怕课堂气氛太冷清，所以就不由自主地消除教学过程中的留白，安排了一些"无缝对接"式的问答，以维持课堂热烈的气氛。其实，英语课堂这种"无缝对接"并没有起到积极作用。画家作画都会"留白"，因为空白不仅使画面有张有弛，而且会使作品给人留下自由想象的空间。英语课堂教学也是如此，教师有意识地留白与等待不仅可以调节课堂的气氛，更重要的是给学生一些思考的时间，表面的停滞可以促使学生迅速地思考。对于英语教学中的一些语法知识及一些语言结构的运用，仅凭教师的讲解、学生被动接受是很难取得成效的，教师需要鼓励学生去主动地参与思考并提高思维的质量，体验、感悟与领会，促使学生主动地探求知识，创造性地运用知识。

二、创造良好的语言体验环境

语言环境是人类学习语言的重要条件，而现实生活中学生学习英语很难有良好的语言环境，这就要求英语教师在课堂上经常设置贴近现实生活的语言情境，让学生进入真实语言环境中，进行体验式学习，启迪学生的思维。

（一）通过语言描述来营造情境

对于某些难以用实物演示的情境，可利用语言进行简洁易懂的描述，并配上表情、手势，做到绘声绘色，使学生进入情境。如在教授"have to do"句型时可以提供这样的语言情境：Today is Sunday, I want to see an interesting film. But my mother is ill, so I have to look after her at home. 在这样的语境中，学生很容易理解"have to"的确切含义，再通过一些上下文情境的练习，学生很自然地学会了它的用法。

（二）通过课堂导入营造情境

课堂导入是教授新课的序曲，课前三五分钟是学生由心理准备进入角色的时刻，是营造课堂气氛、引起学生兴致的关键，也是学生练习听说的一次机会。因此，可以以"Free talk""讲故事"等来开始新课。可以让学生朗读一篇短文，并向其他学生提问，检测听的效果，最后根据朗读标准给予打分，并提出改进措施。这样既锻炼了学生的听说能力，又为下一步语言学习奠定了基础。

第五章 英语教学的核心体系

第一节 英语教学的主体分析

一、英语教学的人文本质

大学英语文化教学所包含的内容是非常丰富的,不仅仅涉及英美文化、民俗风情,还涉及这些民族文化的使用等。"文化也是某一民族在长期的历史发展进程中所积淀下的精华。"①

英语教师应该多角度地去分析英美文化背景知识,并且在教学的时候遵循以学生为中心的原则,全方位地培养学生。同时,教师还应该重视对学生智力以及非智力因素的开发,将学习者看作动态发展的个体,尽可能地开发出学生的潜能。另外,在使用教材时,英语教师也应该重视对人文内涵知识的阐述,也应该融入一些礼仪、艺术等方面的内容,并且多开展一些与实际生活联系紧密的活动,让学生能全身心地投入其中。教师要想给学生传授人文知识,自身就应该对人文知识有深刻认知,这样才能将人文知识的讲授完美地融入教学过程中。

总体而言,教师在教学的时候应该秉承人文主义教育的理念,从而让学生变得更加完美,实现教育教学的最终目标。为了达成实现人格完美的最终目标,教师在课下以及课上都应为此做出一些努力,其目的也是在于推动学习者各项语言技能的提高,从而让学生都能成为品格高尚、感情丰富、适应性强的人才。

---

① 朱金燕. 大学英语教学改革探索 [M]. 武汉:中国地质大学出版社,2018:5.

二、英语教学的基本目标

（一）技能培养的主要目标

1. 引导学生理解英语

在英语教学中，教师不仅要讲授英语语言知识，还要提高学生的语言技能。教师要改变传统的教学模式，注重学生的主体性地位，充分发挥自己的引导作用。同时，教师还要注重学生思维能力的培养，使学生在巩固原有知识的基础上学习新的知识。

教师在英语教学中要帮助学生懂英语。而懂英语除了表现为学习者掌握有关语言的知识外，还表现为其具有会说这种语言的能力。总而言之，英语教学的目标主要包括两个方面：一方面是教师通过多种手段使学生理解和掌握语言知识；另一方面是教师创设各种语言情境使学生能够在具体情境中使用英语。

2. 帮助学生学会英语

英语教学的过程其实就是教师教和学生学的过程。学生学习英语的目的就是学会英语，英语教学的目的就是帮助学生学会英语。在这一过程中，教师扮演着指导者、设计者、组织者等角色，而学生扮演着行为者的角色。教师应该采用多样化的教学方法来促进学生英语的学习，从而达到帮助学生学会英语的目的。

在实际教学中，教师要坚持以学生为中心，充分发挥自己的指导作用。教师开始让学生进行自主学习，学生可以决定自己的学习内容与学习方式。在学习过程中，学生由被动变为主动，英语使用水平也会提高。可见，在这一教学过程中，英语教学的目标十分突出，即帮助学生学会英语。

3. 增强学生英语技能

从人际交流层面而言，教学离不开教师和学生。教师在实际教学中把语言作为表达教师与学生关系的一种手段：教师通过训练学生表现自己的"权威地位"，在一系列操练过程中，能够提高学生的英语技能，也能够达到英语教学的目标。从教学方式层面而言，教师采用训练的方式来提高学生的英语技能。这种教学方式仍没有脱离传统的以教师为中心的教学模式。在教学中，教师会组织大量的训练，学生只能按照教师的要求进行训练，无法发挥自己的主动性，也不利于自身个性的发展。同时，教师训练学生的目的就是提高学生的语言技能。需要指出的是，这种语言技能与语言运用能力存在着一定的差异，其理论基础主要是结构主义理论。

4. 教授学生语言知识

从本质上而言，教师讲授语言知识的过程就是交流的过程，这一过程离不开教师和语言知识。从教学方式上而言，教师将自己认为"好的"英语知识传授给学生，使学生能够学会这些英语知识，这些也成为英语教学的目标。从教学内容上讲，教师教给学生许多其自认为是"好的"语言知识，特别是"美的"文学语言知识，并不会考虑这些语言知识是否在实际交际中有用，这是传统外语教学法的特点。

（二）文化方面的主要目标

"英语作为全世界最通用的语言，在多元文化交融中发挥着重要作用。"[①] 从本质上而言，英语教学既是语言教学，也是文化教学。英语教学的目的是讲授英语语言知识，提高学生的语言技能。更为重要的是，英语教学的最终目的是培养和提高学生的跨文化交际能力。随着多元文化格局的形成，英语在中国对外交流与合作中的地位越来越重要。英语教学的重要性不言而喻。为了适应多元文化的发展，英语教学必须注重文化教学。了解英语教学文化目标，对英语教学的发展具有十分重要的意义。英语教学除了注重语言知识和语言技能教学以外，还要注重学生文化能力的培养。因此，教师要为学生创设良好的文化交流环境，组织文化活动，鼓励学生积极参加活动，并在参与的过程中理解文化的深层内涵，提高自己的文化能力。

1. 运用正确的英语表达

母语文化在英语教学中起着不可替代的作用。学生在学习英语的过程中，要注重母语文化的学习和传播。英语学习者在英语学习过程中，应该能够利用英语来表达和讲述自己的母语文化，并在学习英语的过程中逐渐提高自己的文化表达能力。这是英语教学的目标之一，同时也是英语人才培养的重要层次。随着文化多元化的发展，要使中国文化在世界范围内广泛传播，就应该注重中国文化的传播。用英语对母语文化进行表达，是中国文化在国际上传播的重要途径。因为英语是国际通用语言，用英语来表达母语文化可以为文化的国际传播提供保障。在用英语来表达和传播中国文化的同时，中国学生的英语能力和水平也会不断提高，同时也能实现中国文化的广泛传播。

2. 积极参与跨文化交际

英语教学的目的是培养学生的跨文化交际能力，鼓励和引导学生积极参与跨文化交际，并成为跨文化交际的主动参与者。这同时也是高校英语人才培养的重要目标。学生只有真真正正地参与跨文化交际，才能感知、理解文化的魅力，也才能更加深入地理解目的

① 臧庆. 信息时代多元文化交融对高校英语教学的影响研究 [J]. 食品研究与开发，2021，42（24）：242.

语文化和母语文化，也才能理解这两种文化的差异。只有在客观审视这两种文化的基础上，学生才能选择恰当的方式进行交际。另外，参与交际的过程，有利于提高学生的文化理解能力、文化选择能力、文化评判能力、文化审视能力等。同时，作为交际的积极参与者，学生可以客观审视目的语文化，充分吸收目的语文化的精华，并与母语文化有机结合，从而促进母语文化的传播和发展。

3. 深入了解英语的文化

在英语教学中，要想理解英语并恰当地运用英语，就必须理解英语文化及深层内核。这是大学英语教学的重要目标，也是国家、社会和学校对英语人才培养的必然要求。在英语学习中，学生要想理解英语文化的深层内核，就必须不断提高自己的文化理解能力。因为只有具备了理解文化的能力，才能更深入地理解和掌握英语文化的深层内核。另外，在当今跨文化交际时代，教师在大学英语教学中必须注重文化教学，并将理解英语文化的深层内核作为英语人才培养的重要目标，同时还要采取多种方法来提高学生的文化理解能力，这样才能促进跨文化交际的顺利进行。

三、英语教学的影响因素

（一）教师方面的因素

教师在英语课堂上一般会充当两种角色：一种是英语课堂的掌控者，另一种是学生英语学习活动的引导者。有效开展英语教学活动，需要教师先拥有纯正的英语发音，英语发音对于英语学习而言是至关重要的。但是，现实情况是，并不是所有的英语教师都具有纯正的发音，这就要求英语教师在日常生活中要注意练习发音，并在课堂上就发音问题对学生进行积极引导。

英语教学是教师与学生共同参与的活动，学生理应在这一活动中彰显自己的作用，所以在课堂上教师应给予学生更多的自由时间，让他们去探究。英语教师必须发挥自己的主导作用，积极为学生提供一个良好的英语学习环境。教师可以整合不同的教学方法，在结合自己教学经验的基础上，探索更加适合学生学习需求的教学方法，这样，学生就能在自己喜欢的课堂氛围中学习英语，也能极大地激发其学习英语的积极性。

英语教师的语言运用方式也能对英语教学产生影响。为了配合学生的学习理解能力，教师在教学过程中可以根据教学情况适当地降低语速，适当地重复一些话语。英语教学的过程同时也是一个在不断反馈中获得优化的过程，在这一过程中，不仅包括学生对教师教学的反馈，也包括教师对学生学习的反馈，教师利用各种测试对学生的学习情况进行掌握，根据测试的结果了解学生的学习能力，并最后将学生在某些知识点上存在的问题反馈给学生。学生接到反馈之后就能了解自己的学习不足，进而在后续学习中不断改进，最终提升自己的学习质量与效率。

（二）学生方面的因素

1. 大学生的角色类型

在英语教学过程中，学生的作用非常突出，教学的核心是学生的学习方式，教学的目的是促进学生的全面、终身发展，教学的方法是以学生为本，等等，这些都充分反映了学生在教学中的参与。认识英语教学是不能忽视学生在其中所扮演的角色。学生的角色主要有以下方面。

（1）主人。学习活动是一种知觉的活动，教师在其中只是起到引导与促进作用，学生才是学习的主体，其主动的学习才是提升其学习能力的关键。学生将自己当作学习的主人，自觉安排自己的学习计划，制定自己的学习目标，寻找适合自己的学习方法，形成良好的学习习惯，这些都能帮助学生最终建立起属于自己的知识结构体系。

（2）参与者。教学是教师与学生双向互动的过程，学生也应该是教学的主要参与者，因此在教学过程中，教师要注意提升学生的学习兴趣，激发其积极性，使其可以更加主动地参与到英语教学中来，积极给教师提供教学意见。

（3）合作者。英语学习活动不是学生一个人的独角戏，它可以是一群人的群体行为。因此，在个人学习活动之外还有小组学习活动。在学习小组中，当学生遇到不懂的问题时，其他同伴就可以为其解答。更重要的是，在共同探究问题的过程中，学生还能开阔自己的学习视野，学到不同的学习方法。

（4）反馈者。教学是一种反馈的活动，教师将知识传授给学生，学生根据自己的理解、消化情况向教师反馈，以便教师可以优化教学计划、目标，增强英语教学活动的开展效果。

2. 大学生的个体差异

对于教育而言，其最根本的目的就是培养人，培养全面发展、终身发展的人，这就要求教育者要对学生情况有全面的掌握，既了解学生的生理、心理发展规律，又清楚不同学生之间的差异。每个学生都是独立的个体，他们在学习活动中所表现的特征都是不一样的，其学习动机、性格等都会影响其学习的效果。因此，教师应根据学生的个体差异开展教学，这样英语教学的有效性才能尽早实现。学生存在的个体差异主要如下。

（1）学习潜能不同。英语学习认知系统内涵丰富，学习潜能是其重要组成部分，展现的是受教育者的能力程度。而对于英语学习而言，则是指学生是否具备学习英语的天赋。通常而言，教师在开展英语教学活动时需要了解学生的英语水平，而学生的学习潜能则可以很好地将这种水平展现出来。

学生在英语学习上的潜能主要表现在四个方面：①是不是具有对英语语音进行编码与解码的能力；②在对英语基础知识学习完毕之后是不是具有归纳的能力；③英语学习中充满大量的英语学习，是不是具有对英语语法习得敏感性；④英语词汇是有规律可循的，是不是具备通过联想进行词汇记忆的能力。每个学生的学习潜能也是不同的，所以，在实际的教学中，教师应考虑每个学生的实际情况，这样才能将学生的最大潜能激发出来。

（2）智力水平不同。智力也是认知系统的一部分，不过，它是一个综合体，将观察力、想象力、记忆力与逻辑思维能力进行整合。该能力是能够外显出来的，拥有高智力的人往往能快速识得问题、解决问题。学生在智力水平上的差异，也会在一定程度上影响英语教学。因此，教师不能忽视智力对教学的影响，要对每个学生的智力水平有清楚的掌握，这样，其在制定教学目标、方法与策略时就能更加灵活、科学。此外，学生也应该对自己的智力情况有所了解，在清楚自身智力情况的前提下，学生可以选择更加适合自己的学习方法，从而实现学习效果的最大化。

（3）学习风格不同。学习风格的形成不仅是个人经验影响的结果，客观环境也能影响学生学习风格的形成。换言之，在一定的条件之下，学生的学习风格是可变的。不过，根据不同的标准，学习风格可以有不同的分类。

第一，按照感知方式来分。在具体的学习过程中，学生肯定会运用一些感知方式，而由于学生个体在很多方面都存在差异，所以，他们在感知偏好上也差异显著。基于此，可以按照学生感知方式的不同对学习风格进行分类，可将其分为三类，分别为听觉型、视觉型及动觉型。

第二，按照认知方式来分。人们在学习过程中总会涉及一些新信息与新经验，而对这些内容进行分析、组织与整理的方式就是认知方式。每个学生，他们在学习过程中所展现的认知方式与思维方式是不同的。所以，根据学生的认知方式的不同对学习风格进行划分，可将其划分为：场依赖型与场独立型、整体型与细节型、左脑主导型与右脑主导型。以学习者对自身情况是否依赖划分为场依赖型与场独立型。

（4）学习动机不同。从本质上看，学习动机是学生在学习过程中所产生的一种心理状态，它能激励学生掌握科学的学习方法，向着自己的目标前进。根据学生学习动机的不同对学习风格进行划分，可将其划分为深层动机与表层动机、内在动机与外在动机。

第一，深层动机与表层动机。根据刺激—反应理论，可将学习动机划分为两大类：第一类为深层动机，是一种学生为了追求自己的非物质层面的需要而产生的动力，这方面的需要不仅包括兴趣需要，而且包括丰富知识体系的需要；第二类为表层动机，是一种学生为了追求表面物质需要而产生的动力，这种需要主要表现为高报酬、好职位等。

学习动机与学习目标的关系是极为密切的，动机发生变化，目标往往也会发生变化。对于英语学习而言，那些具有深层英语学习动机的学生不仅要求自己可以扎实掌握英语基础理论知识，而且还要求自己能够具备较高的英语应用能力，很明显，他们对自己的英语有着非常高的要求，在学习英语的过程中总是充满着饱满的热情。由于表明动机持续的时间不长，因此那些具有表明动机的学生往往没有学习英语的毅力，一旦刺激停止，他们的学习动机也会戛然而止，一般而言，具有这种动机的学生在英语学习上并不勤奋，对自我的学习要求也不高。

第二，内在动机与外在动机。根据动机的来源不同，可将学习动机分为两大类：第一类为内在动机，英语学习者从自身激发出来的对学习的兴趣，该动机不仅保持学习的持续性，而且还能保持学习的独立性；第二类为外在动机，在外在条件的影响下，学生不得不进行学习活动，这种动机对学生而言有一定的强迫性，有时甚至可能会让学生失去对学习的兴趣。

在学生学习英语的过程中，动机依然对学生产生不小的影响。通常情况下，具有内在动机的学生不会因客观条件的影响而放弃英语学习，这主要是由两方面的原因导致的：一方面是因为他们学习英语是从兴趣出发的，具有自发性；另一方面是因为他们对英语学习的态度是诚恳的、积极的。具有外在学习动机的学生会受到客观条件的影响，它所有的英语学习活动都是被动的，这致命其无法感受到学习英语的兴趣，长此以往，他们可能会丧失学习英语的仅有的热情。

学习动机与学生英语学习效果成正比例关系。如果学生的学习动机特别强烈，那么，往往会有着明确的英语学习目标，在学习过程中，他们会向着这一目标努力奋进，会积极投入英语学习，最后也能获得很好的学习成果。而那些学习动机比较弱的学生，他们始终无法确立坚定的英语学习观念与目标。因此，他们在英语学习上往往没有太大的积极性，最终他们也就无法获得较好的学习成果。

（三）内容方面的因素

为了实现预先制定的教学目标，就需要设置恰当的教学内容，一般而言，教学内容体系丰富，不仅包括大家普遍熟悉的知识、思想、概念以及原理等，而且还包括技能、问题以及行为习惯等。于教师而言，在开展教学活动的过程中，教师必须有一定的依凭，而教学内容就是这一重要依据。于学生而言，在开展学习活动的过程中，学生也需要有一定的学习对象，而教学内容就是学生需要理解与掌握的对象。

教学内容对于教学活动的有效开展是非常重要的。当教学内容确定下来之后，教师才能制订教学计划，确定教学方法与策略，根据教学内容因材施教，这样才能培养出高质量的英语人才。因此，教学内容对英语教学也能产生影响，且这种影响的范围还非常广。英语教学内容非常丰富，主要包括以下方面。

第一，语言知识。语言知识是学生学习的基础性内容，同时也是学生进行英语语言应用的前提，如果学生没有掌握扎实的英语知识，其就无法具有较强的应用能力。

第二，语言技能。通常而言，学生在学习英语过程中必须具备四项最为基本的技能，就是大家熟悉的听、说、读、写技能，同时，这四项技能也是学生进行英语实践活动的基础与手段。

第三，学习策略。为了促进学生更好地学习，通常教师会依据教学内容实施不同的教学策略。而对于学生而言，为了让自己能获得不错的英语学习效果，他们也会在学习过程中使用学习策略。学习策略的选择至关重要，合理的、正确的学习策略不仅能提高学生学习英语的质量与效率，更重要的是能让学生养成自主学习的好习惯。因此，在教学过程中，教师要帮助学生确立适合自己的学习策略。

第四，情感态度。学生的学习活动同时也会受到其情感态度的影响。这就要求英语教师在教学过程中要时刻关注学生的情感动态，当学生情感出现波动时，教师要及时关怀学生，给予学生安慰，使其明白英语学习与其他学习一样，都是不容易的，学好英语具备良好的心态非常重要，这样就帮助学生培养出了积极的情感态度。教师还要注意激发学生学习英语的兴趣，兴趣是一切活动的开始，只有学生形成英语学习的兴趣，其才能将在英语学习过程中将这种兴趣转变为动机，在动机的驱使下，学生就能逐步树立学习英语的信心，即使会面临困难，学生也会迎难而上。

第五，文化意识。英语教学不仅包括英语语言教学，还包括文化教学。学生接触与掌握英语国家的文化，可以帮助其了解不同国家的特色文化，更好地进行英语学习。因此，教师在教授英语语言知识之外，还要向学生传递文化知识，让学生了解文化之于语言的重要性。

（四）环境方面的因素

1. 学校环境

学校环境不仅包括教室、教具等，而且还包括只能感知的校风班风与人际关系等，可见学校环境的内涵是极为丰富的。教师在开展教学活动时也应该考虑学校环境的因素，为学生营造良好的英语学习氛围，增加与学生之间的互动，加强情感关联。

2. 社会环境

社会环境对英语教学的影响不小，社会经济发展水平可以影响英语教学，科学技术发展水平、社会群体等也能对英语教学产生影响。此外，社会对英语人才的需求程度更是决定了高校培养英语人才的思路与计划。社会环境因素对英语教学所产生的作用主要是一种导向作用，引导英语教学向着能够促进社会发展与进步的方向发展。

第二节　英语教学的基本过程

一、注重英语教学过程的兴趣性

兴趣在英语教学中发挥着至关重要的作用。因此，教师应意识到兴趣的重要性，在教学中多借鉴其他优秀的教学方法去唤醒学生的情感，激发学生英语学习的积极性，这样，学生就能更加自觉地进行英语学习。调动学生的兴趣可以通过以下方法实现。

（一）深度挖掘英语教材

教材依然是教师开展教学活动的主要辅助性工具。教材中涉及丰富的、系统的知识，教师在备课过程中，需要将教材中可以引起学生兴趣的内容挖掘出来，这样学生在学习时就能感受到无限乐趣，也就更加愿意学习。例如，教师可以为学生创设英语教学情境，将师生在日常生活中的问候对话搬到课堂上，使英语教学变得日常化。这些简单的、熟悉的对话能让学生产生共鸣，用英语来表述时也会相对容易一些。正是在熟悉的场景中开展英语对话，学生才能放松心态，其英语应用能力才会有所提高。

（二）尊重学生主体地位

教师必须认清教育的本质，了解教育是一种主动的过程，同时教师也应该放下自己所谓的固有姿态，认识到这样一个事实，那就是英语课堂的主体是学生，只有学生主动地、自觉地进行英语学习，英语教学才能取得不错的效果，学生的英语学习能力才能有所提高。基于此，英语教师要在总结学生生理与心理特点的基础上，在剖析与遵循英语学习规律的前提下，采用多样的教学方法激发学生的兴趣，让学生主动学习，主动参与英语实践互动。

二、明确英语教学过程的系统性

英语教学本身就是一个复杂的系统，包含非常多的内容。因此，在教学过程中，教师要明白英语教学过程不是一蹴而就的，它需要循序渐进，只有从整体出发，在把握系统性原则的基础上，才能够保证英语教学的有序性。而要遵循系统性，教师就需要做到以下方面。

（一）系统安排学生的学习

学习活动虽然琐碎，但是若从宏观上而言，可以发现，任何学习活动到最后都具有一定的系统性。因此，教师要帮助学生进行连贯的学习，让学生可以从系统的角度构建自己的英语知识结构体系。因为学生的学习意识与学习习惯养成并不容易，这就需要教师一定要有恒心，不仅在课上要时刻对学生的学习做出合理的安排，而且在课下也能对学生的学习做出恰当的安排。

（二）系统安排教学的内容

英语教学内容的安排并不是随意进行的，需要教师按计划进行。教材的编排从一开始就确立了其系统性，编排者在总结教学规律与学生学习规律的前提下编排教材，为教师与学生提供了一个鲜明的结构层次。换言之，教师根据目录结构编排内容，本身就遵循了一定的教学规律。在英语教学过程中，教师对于生词和新的语法，要逐步进行，由浅入深。教学内容的安排需要以教学的系统为指导，才会更加科学、合理。

三、英语教学过程的灵活多样性

（一）教学模式的灵活多样

多媒体教学、翻转课堂教学、移动课堂教学等新的教学模式不断涌现，让英语课堂变得灵活多样。基于信息技术的教学模式在一定程度上拓展了英语教学的空间，教师借助互联网可以搜集到更多的教学资源。同时，这种教学模式还极大地改善了学生的学习情况，不仅丰富了学生的学习内容，最重要的是，还为学生提供了更加多样的学习形式。在互联网的支持下，学生的学习活动相对变得比较容易，教师利用互联网下载文字、音频、视频等资源，为学生营造一个多样的学习环境，通过对学生进行多感官刺激，使其找到自己喜欢的教学方法，从而可以调动其英语学习的热情。在新的教学模式下，学生在学习活动中的角色也发生了明显的变化，学生不仅是自身学习任务的设计者，而且也是学习活动的合作者与评估者。

（二）教学评价的灵活多样

英语教学的评价要倡导多元评价，可以不同的评价方式进行整合，以实现评价的最优化。例如，可以将形成性评价与终结性评价结合起来。评价也应该有所侧重，要将文化知识及应用等相关内容纳入评价对象体系中来。需要注意的是，评价应该是从多个层面展开的，教师不是评价的唯一主体，学生也要参与评价，可以是对自我的评价，也可以是同伴之间的评价。学生之间的互评不仅能让学生通过他人角度了解自己的学习情况，而且还能加强彼此之间的联系，维护关系的和谐，多种多样的评价方式可以让学生置身自由、和谐的学习氛围中。

考核形式也不应固定、单一，可以采取开卷考试与闭卷考试结合起来的方式，也可以采取将笔试与面试结合起来的方式。相对而言，面试可能要增加符合英语的特点，教师与学生可以面对面直接交流，但在实际评价过程中，这种方式很少为教师所使用。在具体运用何种评价方式进行评价时，教师要灵活选择，可以让学生进行个人阐述，也可以让其采取小组讨论的形式，或者可以采取答辩的方式，但无论使用任何一种方式，教师都要从学生的实际情况出发，在了解学生学习情况与个人特点的基础上选择合适的评价方式，以保证评价的科学性、合理性。

第三节　英语教学的主要模式

一、英语教学的互动式教学模式

利用互联网，教师与学生可以完成实时互动，在这种新型教学模式下，有效互动是提高教学绩效的决定性因素之一。互动这一概念源自社会心理学，是人与人之间进行情感交流的过程，它可以是两个人之间的交流，也可以是多人之间的交流，交流的信息可以对交流的各方产生影响。还需要注意的是，互动要求双方一定要就大家都感兴趣的主题进行，否则互动的效果可能不会太好。

英语教学经过了较长的发展时间，已经形成了相对完善的理论体系。当前，比较受到推崇的一个教学理论就是交际英语教学理论，该理论的核心强调的是交际能力的培养必须具备"互动"这一性质。如果对交际进行深层次内涵挖掘，就会发现，其关键就是在于互动，且互动还能将交际双方所交际的内容全都展现出来。

在英语教学中也存在互动，英语互动式教学是一种不仅重视教师与学生之间的互动，而且重视学生与学生之间的互动、学生与教学中介的互动的新的教学方法，该方法能够在很大程度上推动英语教学的进程，增强英语教学的效果。在运用这一教学方法时，要创设一个良好的教学环境，引导学生自觉对问题进行探究。

英语互动式教学将教学活动与学习活动结合起来，实现了二者的统一。教师与学生既互为主体，也互为客体。基于此，教师与学生之间所进行的互动与交流都是一种良性的互动，在教师运用必要的教学方法的组织与引导下，学生不仅掌握了英语理论知识，而且还能掌握不少文化知识，发展自己的智力，陶冶自己的情操。教学是教师与学生的双向互动过程，要想取得不错的教学效果，二者缺一不可，换言之，既要调动教师教学的积极性，也要调动学生学习的积极性。

与传统英语教学方法相比，这一教学方法最显著的差异体现在"动"字上，体现在"动"的对象与程度上。传统英语教学也有"动"，只不过在传统英语课堂上，教师是"动"的一方，将所有知识全都灌输给学生；而学生相对处于"静"的状态中，只能被动地接收教师所传授的知识。但互动式教学将这种"动"的状态彻底打破了，实现了教师与学生之间的良性互动。

将互动式教学融入英语教学中，主要可以发挥出三方面的作用：第一，能提高英语教学的质量，能培养学生的综合应用能力；第二，互动式教学在英语教学中的应用是一个较大的成果，它极大地丰富了英语教学研究的内容体系；第三，它是对英语教学方法体系的有效补充，更重要的是，英语教师在实际教学中可以运用这一方法，帮助教师增进与学生之间的情感距离。

（一）英语互动式教学模式的特性

1. 明确的目的性

英语互动式教学的实施是以社会语言学为理论基础的，换言之，语言虽然是用来进行学习活动的工具，但是这并不意味着语言就是所有学习的重点。人们进行外语学习，主要的目的是满足两种主要的社会活动需要：一种是借助其他语言完成某项社会任务；另一种是利用本族语言无法获得自己想要的信息。从这方面而言，我们也不能将英语教学的目的单纯地看作为了应付考试。因此，在英语教学中，教师必须清楚地认识到词汇、语法、阅读等基础教学固然重要，但学生英语综合应用能力的培养更加重要。学生只有具备较高的英语应用能力，才能更好地完成社会任务。

2. 过程的互动性

过程的互动性是指在英语教学过程中，存在于教师与学生之间的互动层面是多方面的，既包括身体与心理的互动，也包括情感等其他更深层的互动。英语互动式课堂往往充满着大量的信息，这导致学生需要花费比以往更多的时间来操练英语，这种情形之下，教师讲话的时间自然也就减少了。在具体的教学过程中，教师可以为学生创设语言交际情境，语言交际情境要比教师直接讲授的效果更好一些。教师可利用多媒体设备、直观教具等为学生创设情境，再加上生动的语言、动作，就能最大程度上吸引学生的注意力，让他们全身心地投入英语学习。学生参与情境活动时，教师并不是一个"看客"，当学生在情境中遇到问题时，教师就可以跟学生进行交流互动，了解学生的问题所在，提出相关建议。在教师的建议反馈中，学生能认识到自己的不足，找到解决问题的方法。

3. 组织形式的多样性

（1）真实情境——真实的语言交际环境。教师可以鼓励学生到一些外国游客喜欢去的旅游景点担任义务导游，他们不仅能借此机会与外国游客用英语进行交流，而且还能宣传中国文化。此外，教师还可以邀请一些外国教师给学生上课，或者是举办一些以英语为主题的晚会，既让学生放松了身心，也会让其锻炼自己的英语口语能力。在真情实感的情境中，教师与学生也能更好地互动，学生与学生之间也能增进了解，更重要的是可以增强学生学习英语的自信心。

（2）模拟的语言交际情境。除了向学生提供一些自然情境之外，教师还可以通过一些手段为学生创设模拟情境。现在是信息社会，以信息技术为支撑的多媒体设备已经开始走进课堂，教师可以利用多媒体设备为学生创设直观模拟情境，给予学生强烈的感官刺激，让学生通过真实的英语对话音频、视频提升自己的英语能力。

此外，教师还可以让学生进行角色扮演活动，这是一种十分有趣的教学形式。在角色扮演的过程中，学生会思考角色的性格特征，因而在用英语表达时往往会考虑词汇、语法的应用问题，这样学生的英语应用能力就能得以提高。

4. 内容的广泛性

英语互动式教学中，教师不再是课堂的唯一"主角"，在师生的频繁互动中，教师与学生都成为课堂的"主角"，他们在课堂上交流信息，共同进步。教师在进行英语教学内容设计时，不能将内容局限于教材范围之内，因为对于有些学生而言教材上的知识过于浅显，他们需要更有难度的知识，这时教师就需要加大输入量，不断拓展教学内容的范围。但是需要明确的是，教师向学生输入的大量新知识必须有一定的度，必须在学生可承受、可理解的范围内进行，一旦内容过难，就有可能打击学生学习英语的自信心。

5. 方法的灵活性

英语互动式教学有许多的方法选择，这是因为其不仅以交际教学为理论基础，而且还融合了其他一些比较优秀的教学法流派的经验。例如，在自然法教学流派看来，对学生的语言输入要适当，要控制在合理的范围之内。因此，教师的教学设计不能全凭主观意识，还要考虑学生的实际需求与教学的情况。

总而言之，在具体的英语教学中，采用怎样的方法，侧重怎样内容，教师则可以根据课堂实际情况进行选择。

（二）英语互动式教学模式的实施

1. 营造教学语境

在传统英语课堂，教师主要的任务就是将教材上的知识全都传授给学生，教师虽然尽可能地将课堂时间实现了利用最大化，但是学生在课堂上的参与感并不强，其始终无法真正提起对英语学习的兴趣，那么教师应该采取怎样的方法培养学生兴趣，就变得非常重要。教师应根据教学目标与教学内容的要求为学生创设一个良好的求知情境。通过情境反映问题将会使问题变得更加生动，在情境中学生可以进行角色扮演，角色扮演的过程就是学生与学生进行互动交流的过程，学生在互动中不断培养自己的英语思维。

此外，情境并不是仅仅存在学生与学生之间互动，教师与学生之间的互动也是存在的。教师主要的作用就是引导学生的学习思路，使学生产生一定要达成目标的心理倾向，从而激发其自觉主动学习的欲望。

2. 学生自主学习

在传统英语课堂上，教师主导着课堂的一切，学生只是被动地接收教师传授的知识，换言之，在学习上，学生并没有展现出较强的主动性。而学习毕竟是学生的主要任务，是其分内的事情，教师只能从旁协助。因此，教师要意识到学生自主学习能力对其英语学习的重要性，进而在教学过程中注意培养学生的自主学习能力。而在互动式教学中，培养学生的自主学习能力恰恰是其必要的环节之一。互动式教学认为教师应该给学生留下足够的学习时间，多给予学生学习的自由，让学生自主去思考、探究问题。

学生自主进行探究，是对新知识与旧知识的整合，是对英语学科知识与其他学科知识的整合，通过不同知识间的认知冲突与矛盾，学生可以获得从不同角度看待问题的能力，从而使其能够真正独立自主地完成学习活动。但是，需要注意的一点是，在学生进行自主学习的过程中，教师应该鼓励学生表达自己的观点，即使学生的观点有误，教师也不应该立即阻止他们，而是要他们继续下去，待观点表达之后，教师才可以去纠正学生的错误。这样做的目的是保持学生思路的连贯性，维护学生的自信心与自尊心。

3. 学生合作学习

学生自主学习过程中蕴含着教师与学生的互动，而在合作学习中则蕴含着学生与学生之间的互动。教师可以对学生进行分组，使其以小组的形式实现合作学习。合作学习的实现基础是学生的自主学习，每个学生的自主学习共同构成了合作学习。因此，合作学习是一种主要存在于学生之间的互动活动。具体而言，教师需要先分析学生的学习情况，然后制定讨论的主题，明确讨论的要求，最后让学生以小组为单位进行讨论。当然，学生与学生所进行的讨论必然是各自发表观点的过程，在这一过程中，有问题的学生提出问题，能解答的学生给予解答，在一问一答的互动交流中，问题也就自然而然解决了。不过，需要明确的是，学生与学生的互动并不是合作学习过程中存在的唯一互动形式，教师与学生的互动也存在其中。学生在组内讨论过程中肯定会遇到一些问题，当学生无法解决时，教师就可以主动参与其中，向学生提供思路与建议，这是对学生的一种启发与引导，通过教师的引导，学生可以更好地完成小组任务。

在小组讨论完毕之后，各组就需要向全班展示自己的成果。当然，小组讨论的成果有突出的，也就会有一般的，教师要一视同仁。对于能力不强的小组，教师要给予其鼓励；而对于能力强的小组，教师要肯定他们的成果。此外，教师还可以让强组与弱组结对子，让两组一起就讨论的成果进行分享、交流，能力强的小组在展示自己成果的过程中能够体会到成功的喜悦，因而更加愿意参与小组探究活动；而能力弱的小组则可以从能力强的小组中学得探究的方法，这非常有助于其不断保持学习的热情。

总而言之，小组合作学习让学生与学生之间的频繁互动成为可能，每位学生都可以在课堂上发表自己的看法，学生彼此之间都可以交换想法、分享信息。就是在这一过程中，学生的语言知识体系将会变得更加丰富，人际交往能力将会有所提高，更重要的是也会增强学习英语的自信心。

4. 教学点评归纳

传统英语教学评价的主体是教师，学生在教学评价中的存在感较弱。而在互动式教学中，教师不再是教学评价的唯一主体，学生也可以参与其中，并且作用非常突出。在各组完成成果展示之后，就需要对各组成果进行点评，点评的手段并不局限于教师评价，学生自评与师生互评也是主要的评价形式。多样的评价手段能够帮助教师全面掌握学生的学习情况，进而分析学生在哪些知识点上存在问题，基于此，教师就能对自己的教学计划、内容、方法等做出适当调整。可见，评价的过程也是教师不断反思自己、实现教学优化的过程。这一环节也包括师生互动与生生互动两种互动形式，无论是哪种互动，目的都是让学生可以进行独立思考，在探究问题的过程中培养学习英语的兴趣。在经过教师与同伴的评价之后，学生能迅速意识到自己在学习上的不足，进而主动查漏补缺，同时也能清楚自己的优势，并不断强化这种优势。

5. 教学延伸拓展

传统英语教学中，教师开展教学活动主要依据的是教材，教学内容也多半为书本上的知识，甚至学生课下需要完成的作业也都是课本上每个单元的课后题，这让学生的学习活动也始终围绕着教材进行。很明显，这种情况限制了学生的发展空间，学生甚至提不起对英语学习的兴趣。英语互动式教学很好地改变了这一现状，它进一步拓展了学生的学习范围，学生可以在课下借助其他先进的学习工具完成知识的拓展与更新。

教师要明白对学生进行知识的拓展并不是其主要的任务，其首先应该要做的就是将教材上的知识全都传授给学生，之后，若课堂上还有剩余的时间，教师就可以向学生传授一些拓展知识，同时布置一些拓展任务。例如，当讲到课本上的某一个知识点时，教师可以提出一些与之相关的延伸性问题让学生讨论，在讨论的过程中学生就能了解到更加新颖的知识，同时也能对旧知识进行及时巩固，最重要的是，这种讨论能够发散学生的思维，培养其创造力。

教室的空间有限，有些教学活动无法展开，例如有一些规模的情境活动就无法在教师中组织，这时教师就可以考虑适当组织一些课外活动。课外活动能让学生拥有更大的活动空间，想问题也更加自由。当然，这并不意味着课外活动要比课堂活动更有意义，两种活动侧重点不同，不可同日而语，最好的方法就是将课堂活动与课外活动结合起来，这样学生既能在课堂上学习到一些应该掌握的基础理论知识，也可以在课堂之外充分地发散自己的思维。两种活动相结合是一种比较新颖的教学形式，在具体实施过程中，教师要灵活一些，适当分配两种活动的课时。在这一环节中，不仅有大家熟悉的生生活动，而且还包括学生与英文文本之间的互动，多样的互动形式极大地拓宽了学生学习的范围。更重要的是，通过互动，学生能够收获更多其他科学的学习方法，提高自己的学习效率，并最终提高自己的学习积极性。不过，需要注意的是，这一环节并不是固定不变的，它具有一定的逻辑性，围绕着某种逻辑与规律不断变化，所以教师在拓展教学内容时一定要遵循互动的法则，保持适当的度。

（三）英语互动式教学模式的运用

1. 互动式教学模式在英语阅读中运用

（1）英语阅读互动式教学的原则

第一，积极促进学生参与教学过程。传统英语阅读课堂中，学生在课堂上所学习的知识并不是为其所选择的，都是由英语教师事先选定的，这就导致一些知识并不为学生所喜欢，也就无法真正提起其对英语阅读学习的兴趣，英语阅读教学的目标也因此无法实现。大学生的学习行为多受兴趣的引导，但是大学生的兴趣又具有一定的不稳定性，这就使许多学生在失去兴趣之后就不愿学习英语阅读知识了。学生如果没有强烈的学习欲望，他们也就无法真正产生积极的学习行为。因此，英语教师要对英语阅读教学活动有清晰的认知与定位，不能仅仅将这项活动看作一种单纯的教学活动，而是将其看作一种具有特殊意义的交往活动，该活动将人的肢体动作与情感联系起来，既要求学生动口、动手，也要求其动情、动思。这就要求教师在英语阅读教学中要有所作为，要采取一些比较有效的方法激发学生的学习兴趣，最好能通过创设情境的方法让学生的身体与情感都融入其中，这样既让学生体会到了阅读的乐趣，也进一步加强了师生互动。

第二，正确引导学生构建自己的知识体系。互动式教学并不是要求学生要将所有固有的知识全面掌握，而是要让学生在学习知识的过程中能够做到新旧知识的融合，认识知识产生、发展的过程。在这一过程中，学生的学习活动将变得有意义。同时，学生也可以培养自己分析、解决问题的能力，获得不错的学习情感体验。不过，需要明确的一点是，大学生虽已成年，但这并不意味着他们已经具备了非常丰富的知识学习经验，与教师相比，他们还是"新手"。因此，教师需要为学生架起一座可以连接新知识与旧知识的桥梁。具体而言，教师在讲解新知识的过程中一旦遇到可与旧知识相关的内容，就可以向学生提问，引发他们对旧知识的思考，同时也起到巩固旧知识的作用。

第三，及时反馈，督促学生进步。集体教学必须靠每个学生所进行的反馈的帮助，反馈不仅能在一定程度上提高教学的质量，而且还能较好地提高教学的效率。此外，持续性的反馈过程同时也是师生一次次互动的过程，在这一过程中，教师了解了学生的学习需求，学生也了解了教师的教学计划。

（2）英语阅读互动式教学的实施。英语阅读互动式教学的实施见表5-1。

表5-1 英语阅读互动式教学的实施

教师与英文文本互动	现代阅读观认为阅读始终是一个动态的过程，它是读者与英文文本之间相互作用、建构意义的过程。这其实也在表明，阅读并不是一项被动的活动，它是读者的主动活动。因此，学生在进行英语阅读时，也应该积极地多与教师、英语文本互动。同时，教师也应该转变教学观念，多增加与英语文本的互动，对文本进行深入解析，以满足学生的阅读需求
	对于英文文本的意义，在现代知识观看来，其具有非常大的不确定性，不仅教师可以对其进行解读，学生也可以，并且在教师教学与学生学习的过程中，英文文本的意义还可以一次次被重新界定。所以，教学过程绝对不是一个可以永远保持平衡的过程，而是一个失衡再平衡过程。从这里可以看出，教学过程并不是死板的，它始终处于一种动态生成的状态
	对于英语阅读教师而言，他们在进行英语阅读教学之前，应该对英文文本有着自己的理解。换言之，教师的一切教学活动可以以英文文本为依据，但是要从实际情况出发，要有选择地将文本内容教授给学生，与英文文本进行高效的互动，一切以英文文本为出发点的想法与行为都是片面的
	在整个英语阅读教学中，教师的角色非常重要，他可以是阅读活动的先行者，同时他也可以是教学活动的整个设计与策划者。从这个层面出发，教师与英文文本的互动有其不一样的内涵。教师不仅要尽量将英文文本理解清楚，同时在这一过程中还要开发文本。教师只有将英文文本的所有内容都进行深刻理解，才能将其转化成自己的知识体系，才能在以后顺畅地与英文文本、学生互动

教师与英文文本互动	教师还需要能够对英文文本进行适当的加工。需要清楚的是，英文文本的编写是一个主观过程，不可能尽善尽美，总是会存在一些不足。从当前英文文本的使用情况来看，这些文本使用的时间都比较长，没有与时代的发展相适应。很明显，这种停滞更新的文本是无法激起学生的学习兴趣的，更不能让学生与文本产生良好的互动。所以这对英语教师提出了比较高的要求，要求教师可以根据学生的实际需求选择英文文本。需要指出的是，英语阅读教学已经在选择英文文本方面有了很大的改善，但是，出于人力、成本等方面的考虑，英语教材是不可能做到每年更新的。因此，英语教师就必须在英语阅读教学过程中弥补这一方面的不足，能够在备课时就对文本进行必要的更新 教师不能只以英文文本为核心，而是要具有敢于质疑文本编写者的勇气与能力，这样才能促使文本的不断完善。英文文本应该是与时俱进的，应该是能够满足学生学习需求的，教师是最了解学生的，所以他们可以总结学生的意见对英文文本进行提出相关建议，这样就能使文本变得更加科学。英文教材现在也在面临改革，改革者必须学会聆听英语教师的意见，积极鼓励英语教师可以参与教材的编写工作。也就是在英语教师与英语文本的互动中，英语教材的编写工作变得更加顺畅、科学，同时教师的英语阅读教学也变得更加轻松
学生与英文文本互动	二者之间的互动能够最大限度地将自主学习的理念展现出来。学生是一切学习活动的主人，英语阅读活动也不例外，他们只有自己主动地参与阅读活动，才能真正学会阅读。这就要求教师在教学过程中要积极引导学生参与阅读实践，加强学生与文本之间的互动，让学生在阅读过程中体会文本作者的思想。在传统英语阅读教学过程中，学生的主要任务就是单纯的阅读，在阅读过程中，他们并没有能够对文本做出自己独有的分析，其自主学习能力也没有获得培养。而学生阅读能力的培养是需要在其与英文文本的互动中实现的，可见，学生与文本的互动是非常有必要的，而且是非常重要的，无论是教师还是学生都不能够忽视这一点 现代学生通过互联网可以接触到更多的知识、更多的人，他们的思想更加开放，生活更具有独立性，更希望在学校与家庭中获得更多的自主权。这种意识映射到学生的学习活动中，他们使用的学习方式也就发生了变化，当前，自主、合作、探究的学习方式是其追求的主要方式。不过，在学习的过程中，他们不可避免地都会受到原有知识体系的影响，长此以往，学生就会形成一种学习的惯性心理，该心理让学生的学习停滞不前，无法将其创新性思维发展起来，从而使其学习活动变得更加死板。从这一实际问题出发，英语教师要摆脱文本束缚，分析学生学习的实际，用更加灵活的方法引导学生发散自己的思维 让学生发散自己的思维，教师可以在课堂上多组织学生对某一问题进行辩论，在辩论中，学生可以提出自己对问题的看法，从而让不同的观点、信息可以在互动交流中生成，这可以帮助学生摆脱思维的僵化状况，使其更愿意参与英语阅读活动。教师需要清楚的是，英语阅读教学不是一个简单的认知活动，而是一个促进学生发展的活动，学生在进行阅读教学的过程中，不断获得新的生活体验，不断发展

续表

学生与英文文本互动		阅读教学不应该是教师一人单独的活动，学生的阅读行为也是阅读教学的一部分。因此，学生也应该积极参与阅读教学。教师在教学过程中要以积极的情感引导学生，让学生能够对英文文本加深理解，感悟文本作者的思想。此外，学生对文本的解读，方式绝对不能固定，其应该是多元化的，学生要学会在对文本解读的"入"与"出"中提高自己的英语水平。"入"就是要求学生能进一步贴近文本，能在对文本熟悉的基础上了解文本的深层次内涵，意识到文本的主旨，并最终做到与文本的良好沟通。当前，英语教材中所选择的诸多文本都是编写者进行诸多考虑的结果，因此也大多做到了文质兼美，文本的质量有了很大提升。教师要帮助学生挖掘文本的价值，在学生与文本中间架起沟通的桥梁，使学生可以更加高效、顺畅地解读文本。"出"就是要求学生能在文本中学到的英语知识进行转化，在后续的英语学习中能灵活使用它们。英语阅读学习与其他英语学习都是相通的，英语知识在任何一部分英语学习过程中都是可以实现转化的
教师与学生之间互动	营造和谐轻松的氛围	当大学生处于一种较为轻松、愉悦的环境，其思维活动才会更加活跃，其知识的学习才会更加高效。为学生营造一个比较轻松的学习氛围也是至关重要的，而构建新型师生关系又是其基础与前提。在教学过程中，教师要时刻具有师生平等的意识。在英语阅读课堂上，教师不再一味地带领学生阅读、分析文本，而是鼓励学生的参与，让学生可以对文本进行分析，发表自己的看法。而当学生对某些问题产生困惑时，教师要肯定学生这种善于思考的行为，并对其这种行为大加赞赏，为其营造一个轻松的学习氛围 在具体的教学过程中，教师还要学会灵活地使用教学语言，教学语言在英语阅读教学中能发挥重要作用。首先，教师要在课堂上使用体态语。一般而言，体态语主要保留眼神、面部表情、手势、微笑等动作。例如，眼神的使用部分，教师要尽量能够使用自然、肯定学生、鼓励学生的眼神去鼓舞学生，通过眼神实现与学生的情感交流。面部表情部分，为了让学生可以接受教师的教学，认识阅读学习的重要性，教师在日常教学中要保持一种严肃的神情。除此之外，为了拉近与学生的距离，在严肃之外，教师还要给予学生必要的温和，在课堂上可以对学生微笑。其次，教师还要在课堂上多使用能够激励学生学习的语言。激励性的语言能够激发人类内心深处对知识的渴望，教师多使用这些语言可以激发学生进行英语阅读学习的欲望 总而言之，在英语阅读教学过程中，教师不能忽视学生的学习感受，要尽可能用一些鼓励性的教学语言引导学生，让学生感受到自己是被重视的，从而也会投入更大的精力在英语阅读学习上。更重要的是，长此以往，教师与学生的和谐互动就会实现，尤其从情感层面上讲，教师与学生也完成了深层次的互动——情感互动。这样一种建立在教师与学生相互信任上形成的课堂氛围，不仅能提高教师教学的质量，而且还能提高学生学习的积极性

	师生共同进步，实现教学相长	每个文本都是作者心灵的外化，读者阅读作者创作的文本就能从其中了解作者对生命、生活的理解。不过，每个人成长的环境不同，对文本的理解也是不同的，不同的学生阅读同一文本也会产生不同的阅读感受。英语阅读教学就使得要让学生可以通过阅读形成对文本的独特理解 在英语阅读教学中，教师要对学生进行重新认识，学生不仅仅是学生，他们也可以是"教师"。教师可以从他们身上学习到一些东西，这就要求教师要以更加开放的态度看待师生关系，在英语阅读教学中多与学生互动，了解学生的学习需求。深入探究之后就可以发现，教师进行阅读教学的过程其实也是一个不断进行学习的过程，教师在进行课堂教学时，其可以在教材的辅助下厘清教学思路，完善知识体系。有些教师在教学过程中还会受到学生的启发，从而产生一些新的想法，对原有的文本产生新的认识。同时，教师也可以让学生对自己进行提问，这样教师就能了解学生的真实想法，从而更好地完善自己的教学设计，反思自己的教学行为。可见，英语阅读教学能够帮助教师与学生实现共同进步，使教师的教学更加优化，学生的学习也更加高效
教师与学生之间互动	善用评价，及时反馈强化	首先，教师要善用随机评价。认识阅读教学过程可以从信息论的角度出发，从这一点上来看，教师与学生不断对文本进行信息输入、输出，并进行评价的过程就是阅读教学过程。英语阅读教学需要评价，教师与学生进行相互评价，将促进二者实现共同进步与发展。教师给予学生的评价，可以让学生在第一时间了解到自己学习的实际情况，对于自己存在的不足，学生也能尽快了解，从而积极改正。而学生给予教师的评价，能让教师认识到自己在阅读教学中存在的问题，从而进一步优化英语阅读教学，摆正教学心态，为学生提供更加不错的教学内容与方法 当教师在获得学生的反馈之后，往往就会对学生的学习情况做出评价，但是该评价看似非常"及时"，能让学生清楚自己的学习情况，但是同样也有一个明显的不足之处，那就是其他同学的创新意识很有可能被限制。人们的思维活动非常复杂，那些比较具有创新性的想法并不会存在于人类思维的全过程，主要存在于思维的后半程。这就要求教师在英语阅读教学中不能只是单纯地教授学生英语知识，而是能够采取一切手段激发学生的创造性思维，而从教学评价这一个层面而言，就要求教师可以利用"延迟评价"原则鼓励学生发表自己的见解。该原则要求教师可以给学生留出一些充足的时间，让学生进行讨论，在讨论中发现问题的不同解决方法。而当学生有了答案之后，教师不能立刻对学生的答案进行绝对的"对""错"评价，而是要给予学生适当的引导，引导学生彼此之间进行评价 其次，教师要善用小结评价。教师对学生的阅读学习评价是多方面的，不仅要对其阅读知识掌握情况进行评价，还要对其参与阅读实践的情况进行评价，只有多方面的评价才能帮助教师更加全方面地了解学生。而小结评价就是一种可以让教师对学生进行全方位评价的一种评价方式。小结评价的内容是对某一课或者单元的内容进行评价，通过这一评价，

续表

教师与学生之间互动	善用评价，及时反馈强化	教师能帮助学生全方位把握其需要学习的知识点，同时帮助其建立自己的知识结构体系。同时，学生反过来也可以评价教师的教学，对教师的教学方法、手段等进行评价，这样教师就能清楚自己在英语阅读教学中存在的问题，从而在下一课或单元教学中做出改变 　　总而言之，评价不能是单方面的，教师与学生的双向评价才是英语阅读教学不断发展的动力。同时，教师与学生也能在彼此的评价中不断发展
学生与学生之间互动		一般而言，学生对文本的解读主要包括三个方面：学生自己对文本的独自体会、教师对学生的引导、学生与学生间的相互影响。其中学生与学生间的相互影响是促进英语阅读教学发展的重要因素之一，这是因为学生与学生就文本进行讨论可以使其与文本之间达成较好的互动，从而使学生能更加清楚地认识文本 　　在课堂上，学生对教师存在一种天然的敬畏感，他们总是习惯跟在教师后面，这导致其并没有形成创造性思维，思维发展受到明显的限制。不过，存在于学生之间的讨论往往不会出现这种情况，这是因为学生彼此之间是平等的，他们是相互了解的，因此在讨论过程中他们可以轻松地表达自己的观点。而且学生所提出的观点，在其他学生看来并不具有与教师观点一样的权威性，因此他们是没有必要全部接受的。在这种情况之下，学生之间更容易产生多样的信息，更容易理解对方，也更容易促进英语阅读的学习

2. 英语互动式教学在听力教学中运用

（1）互动式英语听力教学的主要方式。互动式英语听力教学的主要方式见表5-2。

表5-2　互动式英语听力教学的主要方式

提问式	提问的方式可以让学生在课堂上利用英语进行回答，这样学生就获得了锻炼英语听力与口语的机会。教师提问的问题应该是学生所熟悉的，是学生感兴趣的，只有这样，一来一往的提问才能顺利进行。教师在进行提问之前应该设计出一些相关问题，这些问题要尽量具有艺术性，能够为学生构建一个轻松、具有人文性的教学环境，同时还要进一步拉近师生关系，这样一来，学生才会感受到英语阅读学习的乐趣。此外，教师为学生设计的学习内容也应该与学生的实际生活相联系，这要求教师可以在课前与学生进行英语对话，了解学生最近的生活与学习情况。与学生生活、学习密切相关的话题能够激发学生的沟通欲望，能让学生更愿意与教师交流，学生英语学习也就变得更加顺畅。可见，培养学生的交际能力是非常重要的事情，在课前的日常热身对话完毕之后，教师就可以将话题自然地引导课本内容上来。在讲解课本上的听力内容时，教师可使用互动式教学方法，一般而言，这种教学方法在听力教学中的应用主要有以下三个步骤 　　第一，预习听力材料。在进行新课之前，教师需要适当给学生布置一些预习任务，学生可根据任务对需要学习的内容进行大致了解

提问式	第二，分析听力内容。让学生深入分析听力内容，不仅要让其从基础层面出发了解听力材料中需要其认识的新词汇、语法，而且还要对听到的内容都能列出提纲、独立组织。教师要鼓励学生积极将自己听到的内容阐述出来，当发现学生表达有误时教师不宜立即阻止，而是要等到学生阐述完成之后再对其问题进行纠正，尽量不要打乱学生的表达节奏 　第三，巩固练习。为了巩固互动式听力课堂教学的成果，学生还需要进一步对已经学习完的听力材料进行巩固练习，还可以让学生在听完之后进行讨论，以实现教师与学生、学生与学生间的沟通。这种互动不仅能让教师了解到学生英语听力学习的实际情况，还能进一步激发学生英语听力学习的积极性
小组互动式	小组合作学习是学生重要的学习方式之一，该方式能让学生在共同协作中展示自己的个性，在培养合作精神的过程中形成良好的人际关系，更是能将个人学习成果转化为共同的学习成果，进一步强化学习效果 　第一，小组划分的原则。小组合作学习的实施并不是随意的事情，需要遵循一定的原则：小组成员要保持自己各自的异质性与代表性，在小组内部，成员们都可以从别的同伴那里获得经验，同时看到自己的不足 　第二，小组划分的形式。一般而言，小组合作学习的实施可以有三种形式：一是教师比较常用的一种形式，就是学生与各自的同桌自动形成一个小组，这同时也是一个比较经济的分组形式，同桌之间彼此相熟，在进行问题探究时会更加默契；二是四人为一个小组，四人小组形式也是遵循了距离就近原则，可以是前后位四人组成一个小组，也可以是横向两个同桌组成一个小组，该形式非常适合连锁问答；三是可以以座位的一竖行为一组，不过，需要指出的是，这一形式有其不足，就是它可能在单词复习时会给学生带来不便。无论采用小组、横排、竖排、同桌、四人或随机排列，具体采用哪种小组划分形式，还需要教师根据教学的实际情况做出选择 　第三，小组互动式具体实施步骤：①出示探究问题。教师出示的问题应该是经过深思熟虑的，为了激发学生的探究积极性，教师应适当提高问题的难度，同时还要贴合学生生活的实际。②小组合作探究。小组合作是有一定顺序的。可以组成4~6人的异质小组，然后给予他们一个问题，让他们根据问题进行讨论，在讨论过程中他们就会发现自己的优势与不足。教师需要对小组讨论情况进行及时掌握，当讨论遇到瓶颈时，教师还可以适当地对学生进行指导。大量的小组合作教学实践已经表明，这种小组活动在很大程度上可以提高学生学习的主动性，同时还能增进学生与学生间的了解，促进其彼此间的共同进步。③组际间互相交流。在小组组长的带领下，各小组成员分工明确，共同探究问题，当在激烈的讨论之后获得答案，各小组之间就自己得出的答案也可以进行彼此的探讨。小组内部可以推举一个人作为代表与其他小组进行交流，如果小组代表的发言内容不足或者出现某些问题时，小组其他成员也可以进行补充或纠正。除了推举一人进行结果汇报与交流，也可以采用小组汇报这种集体形式进行。不过，不论是采用哪种形式，教师都应该对小组经过讨论得到的答案给予肯定

（2）互动式英语听力教学的实施对策。英语教学最为直接的目的就是通过向学生传递听说读写这些基础理论知识，使学生掌握必要的英语基础知识技能，从而使其最终可以在交际中灵活运用。语言的学习一般是从听开始的，因此大学英语教学应该关注听力教学，教师在英语听力课堂上也应该选择适当的策略，注意培养学生的听力信心。通常情况下，教师在英语听力教学中使用的策略主要有以下四个方面。

第一，解析标题。解析标题策略有其主要运用的领域，主要训练学生英语主题听力技巧。在使用这一策略时，教师先要向学生介绍一些任务，这些任务能够保证学生在具体听的过程中把自己的注意力放在文章的主要内容提炼上；然后播放录音材料，让学生根据所听材料选择适当的标题。

第二，进行概述。进行概述是对文章主旨进行概括的策略。当学生听完材料之后，教师可以先让学生对整个文章的大意进行总结，再提供给学生几个关于文章概述的选项，让学生根据自己听的内容进行选择。

第三，学会排序。教师可以把听力材料的顺序打乱，然后向学生布置一些相关任务，之后播放听力材料，要求学生根据听到的情节对故事顺序进行重新排序，当学生完成排序之后，教师可以对学生的顺序调整做出最后评判。

第四，复式听写。复式听写策略的主要目的是从听力材料中获取具体的信息。在播放听力材料之前，教师要事先告诉学生哪些比较重要的地方已经删掉，进而提醒学生要注意聆听这些地方。在完成听力之后，学生需要将教师删除的部分填补上。

听力训练的过程是一个并不容易的过程，训练形式也是多种多样的。教师在具体实施听力互动式教学策略时，应该遵循听力教学的相关原则，要从学生对与教师、文本的互动需求出发，这样才能提高英语听力课堂教学的质量。

3. 英语互动式教学在口语教学中运用

（1）互动教学法对英语口语教学的启示

第一，确立正确的教学目标。存在于英语课堂上的口语互动都是以教师的启动为前提的，特别是教师在教授新课之前，其应当对学生进行适当引导，能够吃透教材，精心组织教学活动。而这些都需要教师仅围绕教学目标进行，正确的目标是教师进行教学活动的风向标，目标正确，教师才能沿着正确的教学道路前进。

第二，及时引导学生。在英语互动式口语教学过程中，教师一般会利用一些小问题将教师与学生联系起来，促进二者产生良好互动。在教师提出问题之后，学生需要及时回答，但是教师不能盲目认为所有学生都能迅速给出正确的答案，每个学生都是有差异的，学生水平不同，其思考答案的速度也是不同的。对于那些存在思维或语言障碍的学生，教师不可以要求其迅速给出答案，而是要运用恰当的方法对其进行积极引导，引导环节所使用的语言不要太生硬，最好能委婉一些。引导学生的过程就是教师与学生进行互动的过程，当学生进行英语口语训练时，教师可以给予其恰当的引导。

（2）英语互动式口语教学的实施程序。英语互动式口语教学的实施程序见表 5-3。

表 5-3　英语互动式口语教学的实施程序

确定目标，抛出问题	在传统口语教学中，教师走入课堂就开始讲课，并未明确口语教学的目标，而在英语互动式教学中，教师首先要做的就是要确定教学目标。当目标确定之后，学生就会自动生成渴望完成目标的心理倾向，并且在教师的客观刺激下，学生的学习积极性也被激发了出来。围绕着教学目标，教师制订教学计划，实施教学策略；学生制订学习计划，选取学习方式，并且在教与学的过程中，教师与学生完成了良好的互动。此外，英语互动式教学的实施还需要一定的问题启示学生的学习。对于问题，它需要具备两种特征：一是具有启发性，学生在思考问题时可以联想到其他相关知识，可以激发自己的好奇心；二是具有发散性，问题不应局限于一个知识点，而是能让学生根据这一个问题发散自己的思维，拓宽自己的学习视野。除此之外，还需要格外注意的是，教师所提出的问题不能太难，也不能太易，而是要适中，能合理反映学生的学习情况，同时也能激发学生的学习积极性
创设情境，实践演练	英语口语教学非常注重情境演练，情境是学生接触英语知识比较直观的方法，它是英语教学比较关键的部分。创设情境主要能发挥两方面的作用：一是能加深学生对英语知识的理解，这是因为教师所创设的情境往往贴近生活，学生在这种情境中学习，自然可以更好地了解这些知识；二是能让感受到英语学习的真谛，在具体的情境中，学生能体会到英语语言的魅力，认识到英语语言知识并不是唯一的学习内容，文化学习也同样重要。在情境中练习口语，学生能直接感知英语国家的文化，清楚了解在英语口语交际中的文化问题
鼓励思考，帮助学生拥有自己的思考空间	任何知识的学习都不容易，除了教师教授给学生的知识外，学生也应该依靠自己的努力完成知识的获取，发挥自己的思维能力就是其中一点。
组内讨论，组际交流	在思考完成之后，讨论与交流是必需的。一般而言，其主要包括两个部分：一个是组内讨论，另一个则是组际交流。教师对学生进行分组，提供给其一个可讨论的题目，学生就这一问题进行组内讨论，在激烈的讨论中，学生的口语能力得到了锻炼。同时，当学生在对某一问题产生疑惑时，教师就可以对其进行恰当引导，通过与教师的交流，学生的口语水平也得到一定程度上的提升。组际交流是另一种交流的方式，它是小组讨论的进一步拓展。当各小组完成问题

续表

组内讨论，组际交流	探讨之后，教师就可以让各组进行组际交流，在各组交流的过程中，教师不应该打断他们彼此间的对话，即使交流过程中出现问题，也应该当交流结束之后，教师再对其进行指导
及时评价，总结反馈	在教师与学生互动的过程中，教师要对学生的学习活动进行评价，评价学生的学习意识、学习态度等。不能采用一种评价方法评价学生，因为每个学生都是不同的，教师要尽可能采用多样的评价方法，以尊重每个学生，正确评价每位学生。评价是对英语互动式口语教学的总结，通过评价内容与结果，教师可以总结出自己在教学过程中的不足，也可以总结出学生在学习过程中的不足

二、英语教学的混合式教学模式

"混合式教学是一种融合传统教育教学与网络在线教学的教学新模式，采用传统课堂'教学+网络'线上教学有机结合的混合式教学，可以有效提升学生学习的深度，从而强化教育教学效果。"① 混合式教学是网络技术迅速发展的产物，也是教学领域中的一种新方式，这种新教学方式有利于教师合理安排教学活动，也有利于学生根据自己的学习情况科学规划自己的学习进度。混合式教学是传统教学的延伸，是网络在线教学的补充，既弥补了传统教学的不足，又发挥了网络在线教学的优势。尤其是在信息化迅速发展的今天，信息技术和网络技术在教育教学领域的应用越来越广泛，混合式教学也日益受到关注。

（一）混合式教学模式的特征表现

第一，"线上+线下"。混合式教学要包含线上教学和线下教学两种形式，既要有学生线上的自主学习，也要有师生面对面的集体学习。

第二，线上教学是必备活动。这里强调"必备"就是为了说明混合式教学中的线上教学部分不是可有可无，也不是锦上添花，而是必备的核心教学活动。如果脱离线上教学部分还能继续进行的教学，就不是我们所说的混合式教学。

第三，线下是线上的延续。这里特别强调了"延续"一词，就是为了说明混合式教学的线上和线下两部分教学不是彼此分离的，而是有机统一的。线上部分的学习是线下部分学习的基础和前提，线下部分是线上学习的延续和提升。

第四，没有统一的模式。我们所理解的混合式教学不是模式统一的教学，而是传统教学与网络在线教学的有机融合，也就是实现了线上和线下的融合。

---

① 徐玉书. 新时期高校英语混合式教学模式构建与管理：评《课堂教学与管理艺术》 ［J］. 科技管理研究，2021，41（1）：216.

第五，狭义的混合。这里强调"狭义"就是要把"混合"限制在"线上+线下"两种教学手段的组合上，而不是其他方面的混合。因为当前有的人把不同教学模式、不同教学方法、不同教学手段甚至不同教学理念的混合式都界定为混合式教学，这种界定对于指导教学实践意义不大，在这样的语境下很难找到不是"混合式教学"的教学实践。

（二）英语混合式教学模式的构建

为了使英语教师可以更好地进行英语教学，这里对大学英语混合式教学模式进行了设计。

第一，引入阶段。在引入阶段，教师主要根据教学内容来进行英语课程的具体设置。通过课程的引入，学生能够提高对英语课程的认识，并意识到英语课程的重要性。另外，教师可以采用形式多样的教学内容来引入，比较常见的有提问、故事讲述等。

第二，目标设定阶段。在应试教育的影响下，英语教学的目标通常注重学生的学习内容以及学生的应试能力，忽略了学生的认知、行为和情感等。混合式教学作为一种新型的教学模式，应该结合时代的发展以及教育改革的要求，注重高阶目标的设定。例如，在提高学生语言技能的基础上，提高学生分析能力、创造能力和跨文化交际能力，进而提高学生的专业英语能力、创新能力等综合能力。

第三，教学过程中的前测阶段。前测通常发生在教学之前，其目的主要是了解学生的现有英语水平、学习需求以及对英语学习的兴趣。所以，在英语混合式教学模式构建中，教师应该注重这个前侧阶段，采用提问、考试等方式来对学生的具体情况进行测试，这有利于为教师后续的教学提供依据。

第四，参与式学习阶段。教师在实施英语混合式教学模式时，应该根据教学目标及学生的实际情况，开展与之相关的英语教学活动，并鼓励学生积极参与和讨论。总而言之，参与式学习对英语混合式教学模式的实施也是十分重要的。

第五，教学过程中的后测阶段。后测是相对于前测而言的，是前测的一种延伸。教师完成教学之后，要想了解学生对知识的掌握情况，就可以采用后测的方式。在英语混合式教学中，教师也应该注重后测。具体而言，教师在后测阶段，除了要测试学生对教材知识的掌握外，还应该测试学生的英语技能、英语应用能力、表达能力、理解能力等，从而及时调整自己的教学进度。

第六，总结阶段。总结阶段也是英语混合式教学模式构建的重要内容。除了总结学生的学习情况外，教师还要对自己的教学进行反思。并以此为依据，不断学习、不断进取，使自己能够适应时代和教育改革的发展。

第四节 英语教学的具体内容

一、英语听力教学

(一) 英语听力教学的特点

通常一个班级的学生来自全国各地，学生的听力水平参差不齐。有些学生听力基础差，没有掌握正确的学习方法；有些学生的语音语调存在很大问题，因而很难听懂正常语速的听力材料甚至已经学过的常用词；当然也有一些学生英语水平很高，比较容易听懂听力材料。在听力水平的不同情况下，使用相同的教材和教学方法，致使听力水平低的学生不想学，教师难授课，也就达不到提高高校英语听力水平的教学目的。高校英语听力教学内容较为广泛，不仅包括语言知识、文化知识，还包括培养学生对听力策略的掌握和运用。目前，一些学校尝试打破原有的以院系为单位的班级，将学生听力水平分成提高、普通和预备三个层次，有针对性地选择授课内容和授课方法，更好地贯彻因材施教的原则。

(二) 英语听力教学的策略

1. 英语听力教学的主要模式

(1) 文化导入式教学模式。文化导入式教学模式是一种通过引导的方式让学生主动建构语言与文化知识、促进英语综合运用能力的相对稳定的操作性框架。该模式主张教师在一定的教学环境中，根据教学大纲、教材和学生实际，运用正确的方法对学生进行积极引导，激发他们的思考与想象，促进学生主动进行内部心理表征的建构，从而培养学生对文化差异的敏感性、宽容性乃至处理文化差异的灵活性，提高学生综合运用英语的能力。文化导入式教学模式在教学内容上注重文化概念与思考方式的引入，突出相关文化内容，在教学形式上注重学习主体作用的发挥，同时也要求教师积极发挥主导作用。

第一，适时培养学生对文化背景知识的敏感性。为培养学生对文化的敏感性，教师要充分利用教材发现问题，培养学生从文化角度来审视问题的根源，提高他们发现目的语文化现象的存在和这一文化与母语文化之间相符相悖的敏感性。

第二，听说并重，增强文化理解力。要想真正提高听力水平，必须强调听说并重。教师可以根据不同的材料通过复述、问答及根据听力组织对话、小品表演等形式对学生进行听力检查，这既可以加深学生对有文化内涵的掌握，又可以提高学生的听说能力。

第三，利用词语导入文化背景知识。词语包括单个的词和短语。语言的各种文化特征都能在词语中展现出来。教师在教学中应适当地导入听力材料中具有一定文化背景知识的词语，让学生充分理解其文化特征与内涵。

第四，借助视听媒介导入文化。教师应发挥多媒体的优势，充分利用电影、电视、幻灯等资料进行辅助教学。因为，这些媒介是了解英语文化的有效手段，是包罗万象的文化载体。学生可以在观影中直观、真实地了解西方的社会习俗、交际方式、价值观念等文化内容。

第五，延伸教学空间，拓展英语文化。教师可以采取布置任务的方式，让学生提前查阅与所学单元相关的文化知识，并让学生以幻灯片形式展示成果，使学生在参与中增强信心和成就感。同时，教师要鼓励学生课后大量阅读介绍英美文化的书籍，这既可获得语言知识，又可深化学生对文化差异的了解，从而提高学生的听力水平。

（2）视听说结合式教学模式

第一，视听说结合式教学的必要性。视听结合，使学生处在耳目一新的教学环境中，在视觉和听觉的双重刺激下接受语言信息，在这种环境中启发学生说英语的兴趣可以达到事半功倍的教学效果。教师应尽可能地为学生创造练习口语的机会，将听与说有机地结合起来，以听说结合的方式切实提高其听力水平，保持英语习得过程中的输入与产出的平衡。

第二，视听说结合式教学环节。通过视听说结合的方式，可以解决英语教学中的"质"的问题，通过指导学生按照粗略观看、仔细听解、口头讲述三个步骤来完成从语言输入到输出的过程。在粗略观看阶段，教师根据视听内容，利用图片、实物、背景知识的介绍和单词的讲解等形式进行巧妙地导入，让学生对视听材料的大体内容有所掌握，为下一步教学做好铺垫；在仔细听解阶段，不仅指导学生进一步明确整段话语的大意，更要把焦点放在语言材料本身，要求学生能够回答具体的细节问题，甚至区别细微的语音现象；在口头讲述阶段可以采取如问答、复述、谈论话题、讨论、情景对话、描述、角色扮演等多种形式，对视听材料有选择地进行再现、借鉴或者创造。

2. 英语听力训练的主要策略

（1）选取多元化的听力材料。在选择听力材料时，教师既要结合教学实际的需要，也要结合学生现有的能力和兴趣，还可以让学生在课堂上以英语游戏的形式参与活动，循序渐进地进行练习，最大限度地挖掘他们的潜力，发挥他们的主观能动性。

在多媒体教学环境下的今天，教师可以播放英文电影、教学情景对话、英文歌曲或演讲，通过增强听力内容的趣味性、实效性，适当引入一些流行元素，提高学生的英文水平。英文电影作为一种直观、形象、生动的方式，越来越受到学生的青睐。英文电影有吸引人的剧情，让学生身临其境，有些情节非常具有趣味性，影片中的英语不再是让人望而生畏的语言，而变成妙趣横生、充满生机和活力的实践。每周增加一点这些内容，并在人机对话中让学生学唱英文歌曲，进行英文电影配音，这将提高学生的英语学习热情和积极性，从而使其在轻松愉悦的氛围中提高英语听力水平，并且对提高学生的口语表达能力也非常有帮助。

（2）注重听力材料前的提示。在给学生上听力课时，教师不能只是给他们播放录音带，也不能只给他们解释一点词汇或者短语，而是应当用已有的与材料相关的知识来引导学生。例如，教师可以用简短的讨论进入主题，让学生根据听力题目或者预先给的一些暗示来猜测听力的内容，从而帮助学生理解所要听的材料。通过这些方式，可以让学生对将要听到的内容有所期待，也从心理上进入一个准备阶段。另外，如果材料有一定的难度，可先用简单的语言来表述，培养学生在听听力材料的同时做笔记的能力，在听听力材料之前给学生提出一些相关的问题，学生学习就更有目的性，效率也会提高。

（3）培养学生抓住听力学习的重点。

通常而言，学生喜欢把材料里的每个单词都理解清楚。事实上，不同的听力材料在不同的语速下，只要学生能把听力材料的重点，即能帮助学生将材料的内容听懂并理解即可。一般而言，一篇材料里的诸多新单词并不会影响学生理解全篇大意。教师应当经常提醒学生要听重点，根据问题留意某些细节就可以了，教会学生如何抓住听力材料的重点。

（4）精听与泛听的有效结合。精听是"精确听力练习"，要求学习者在听力练习中捕捉到每个词、每个短语，不能有任何疏漏和不理解之处；而泛听是要求学习者在听力练习中以掌握文章的整体意思为目的，只要不影响对整体文章的理解，一个词、一个短语甚至一个句子听不懂也不影响。精听和泛听可以结合练习，如某一篇文章中有几段可以用精听的方法练习，在练习的过程中准确无误地听到某些细节性的信息，有几段可以用泛听的方法了解文章的梗概。

二、英语口语教学

（一）英语口语教学的特点

1. 英语口语教学内容的特点

英语口语教学的内容是广泛的，它不仅包括在口语课上教学生如何说，而且还要从教学内容、教学安排等方面保证学生在课下都有大量的口语实践机会。因此，教学内容的广泛、可延展性是英语口语教学的一大特点。教师可以有计划地组织安排各种训练活动，把训练学生听、说、读、写、译等各项能力有机地结合起来，根据不同阶段、不同的练习目的和主题采取诸如朗诵、辩论、表演、配音、口头作文等多种形式，把握适当的难易度，巩固学生的基本功，使教学内容成为一个可伸缩的，知识性、趣味性并重的系统。

2. 英语口语教学评估的特点

教学评估是英语口语教学的一个重要环节。客观、全面、科学、准确的评估体系对于实现教学目标至关重要，它既是教师获取教学反馈信息、改进教学管理、保证教学质量的重要依据，又是学生调整学习策略、改进学习方法、提高学习效率和取得良好学习效果的有效手段。对学生学习的评估可分为两种：一种是形成性评估；另一种是总结性评估。无论采用哪种形式，英语口语教学的评估都是考核学生实际使用英语语言进行交际的能力。口语教学的主要内容是语音教学，自然规范的语音、语调将为有效而流利的口语交际奠定良好的基础。尤其是在大学口语教学过程中，教师重视发音的准确性，而不过分强调流利程度有助于学生培养良好的语言习惯。

3. 英语口语教学管理的特点

高校英语口语教学的管理贯穿于英语口语教学的全过程，要确保英语口语教学达到既定的教学目标，必须加强教学过程的指导，监督和检查。因此，口语教学的管理要做到三个方面：①必须有完善的教学文件和管理系统，教学文件包括学校的英语教学大纲和口语教学的教学目标、课程设计、教学安排、教学内容、教学进度、考核方式等；管理系统包括学生口语成绩和学习记录、口语考试分析总结、口语教师授课基本要求以及教研活动记录等。②口语教学推行小班课，每班不超过 30 人，如果自然班人数过多，可将大班分成约 30 人的小班，分开上口语课。③有健全的教学管理和培训制度。英语教师的口语水平是提高口语教学质量的关键，学校应建设年龄、学历和职称结构合理的师资队伍，加强对教师的培训培养工作，鼓励教师围绕教学质量的提高积极开展教学研究，创造条件因地制宜开展多种形式的教研活动。

（二）英语口语教学的方法

1. 纠正学生口语发音

在高校英语的第一堂课，教师应向学生阐明正确发音的重要性，即标准的发音是一个人英语口语素质的基本体现，并且督促学生积极纠正，在课下同学之间互相帮助，互相监督。教师也应该帮助学生总结一些极其容易出错的发音在课堂上有针对性地指出，让学生引起足够的注意和重视。教师可以安排学生课下做一些他们感兴趣的原声材料模仿练习并要求在课堂上进行展示，如电影对白、演说词、诗歌朗诵、英文歌曲等。学生通过模仿不仅可以纠正每个单词的发音，也可以有意识地去学习纯正的语调及地道的表达方法，从而增加对英语的语感。

2. 提高学生运用英语的思维能力

（1）鼓励学生掌握尽可能多的词组。在高校英语教学中，单词的学习，不能占用太多的课堂时间，而应该成为学生自主学习的一项主要内容。学生应以词组为单位，尽可能多地掌握词组。教师为了引导学生，可以在课堂上适当地加入词组接龙竞赛之类的游戏，要求学生按顺序将自己所掌握的词组写到黑板上，这种方法一方面可以活跃课堂气氛，另一方面也可以提高学生记忆词组的积极性。

（2）背诵文章讲故事，培养语感。学生通过背诵短小精悍的文章，可以缓解畏难情绪，激发他们的兴趣，更重要的是培养他们的语感。在跟读—朗读—背诵三个步骤的练习中，学生提高了他们的断句能力和理解能力。无论是怎样的材料，只要是地道的英文，难度符合学生的水平，内容是学生感兴趣的，坚持背诵，都能提高学生的语感。

三、英语翻译教学

（一）英语翻译教学的特点

翻译能力是学生英语能力的重要体现，同时也是对学生听、说、读、写、译能力的基本要求之一。翻译并不是从源语的词语和语句结构到目的语词语和语句结构的简单转换，也不是在目的语中寻找与源语对等的词语和语句结构，然后串接成句的过程。在翻译的表达阶段，应注意不同文化中语言形式的差异，按照译入语习惯进行调整。在高校英语教学中开设翻译教学，可以让学生在进一步加强中国传统文化素养的同时，吸收英语人文知识。英语学习成功的标准不应是学生能背多少教过的句子、词组和生词，或知道多少语法规则，而是他们能用所学到的语言创造性地表达多少。翻译本身就是一种语言创造，而英语教学的使命就是把翻译这一语言创造活动普及开来。"教育者需要引用更多丰富且实用的跨文化素材，使学习者不仅从书中习得翻译知识及技巧，还能够切实行动，从做中学。"

（二）英语翻译教学的方法

1. 英语翻译的猜词教学法

学生的概念能力是一种洞察复杂环境程度的能力和减少这种复杂性的能力。具体而言，概念技能包括理解事物的相互关联性，从而找出关键影响因素的能力，确定和协调各方面关系的能力以及权衡不同方案优劣和内在的能力等。高校英语翻译中的猜词方法主要包括：①以定义为线索猜测词义；②以同义词、近义词为线索猜测词义；③以反义词和对比关系为线索猜测词义；④以列举的句子为线索猜测词义；⑤以重述为线索猜测词义；

⑥以因果关系为线索猜测词义；⑦以生词所在的前后文提供的解释或说明为线索猜测词义；⑧根据普通常识、生活经验和逻辑推理推测生词词义。

2. 英语翻译的图式教学法

图式教学法就是运用图式理论，激活学生的背景知识，在大脑中形成不同的模式。图式是一些知识的片段，是大脑对过去经验积极组织，是学习者将储存的信息对新信息起作用的过程。换言之，学习者如何将这些新信息融进原储存的知识库中就是图式的过程。英语教师在教学过程中，要在传授新知识的同时激活学生头脑中已经储存的知识结构，使新信息更容易被理解和吸收并融合到已有的图式中，从而能正确地理解所学的新知识。教师有必要在练习之前介绍翻译目标语篇的体裁、句式结构，以及语篇结构，尤其注意背景知识的提供。教师也可以根据课堂需要给学生提供一些图式，这些图式只有被激活才能正确理解语言，然后根据这些材料进行翻译。

3. 英语翻译的推理教学法

推理教学法源于人类的基本思维形式，即由已知判断推出未知判断。推理教学法应用到高校英语翻译教学过程中，主要是教师在教学中引导学生从已知现象推出未知现象或本质。进行英语翻译时，有些文本需借助合理的推理才能更好地理解它，涉及的思维活动包括分析、综合、演绎、归纳等。翻译时，学习者在看到文本内容后，教师要引导学生根据现有的知识和经验做出推理，把文本中的所有内容都联系起来，这样学生更容易充分理解每个句子。翻译时采用推理教学法可以增加信息的容量，把握事物之间的联系，促进对语言的理解。学生对某一语言的掌握，总要经过日积月累，从一些旧结论推出新结论，从而形成完整的知识框架。

四、英语阅读教学

（一）英语阅读教学的特点

第一，英语阅读内容的特点。从对高校英语教材的把握而言，高校英语教材中几乎包括了各种文体，具有多样性和现代性，其多样性表现为：①文章涉及多个领域，如语言、经济、文学、科技等；②体裁有说明文、记叙文、议论文；③语域的多样性，所选文章既有书面体文章，也有语体口语化乃至俚语化的文章。因此，高校英语的阅读内容具有篇幅长、生词多、句法多样化等特点。

第二，英语阅读方式的特点。高校英语阅读一般分为精读、泛读和略读。①精读，要求学生毫无遗漏地仔细阅读全部语言材料，并获得对整篇文章深刻而全面的理解，在精读课本中，每篇课文后的词汇、语法、句型及注释都应仔细领会。②泛读，也可称为"普通阅读"，要求学生读懂全文，对全文的主旨大意、主要思想和次要信息及作者的观点有明确的了解。对全文只做一般性的推理、归纳和总结，无须研究细节问题和探讨语法问题。但要求阅读速度高于精读速度的一倍。③略读，是一种浏览性的阅读，学生以他能力达到的最快速度浏览阅读材料。略读不需通读全文，只跳跃式地读主要部分，目的是获取全文的中心思想和主要内容。

（二）英语阅读教学的策略

1. 采取语篇教学法

语篇分析理论主张把文章看作整体，从文章的层次结构着手，引导学生注重句子与句子之间的衔接、段落与段落之间的过渡，使学生在语篇基础上掌握全文，从而提高理解能力。在高校英语阅读教学实践中，运用语篇教学法进行教学的主要环节如下。

（1）围绕文章标题，预测文章内容。文章标题是文章内容的总概括，通过对文章标题的分析，可以有效地预测阅读材料的语篇类型及题材。在此过程中，教师可以围绕标题提一些启发性的问题，不仅有利于预测文章内容，还为下一步导入文化背景做好铺垫。

（2）导入背景知识，进行体裁和语篇分析。体裁是文体分析的三个层面之一。体裁分析是语篇分析的一个方面。要让学生学会比较不同的体裁所达到的不同交际效果，就必须在教学中及时导入相应的文化背景知识，只有让学生充分了解不同文体的特点，认识不同文体的结构，才能有效培养学生运用正确的阅读方法来进行阅读的能力，从而提高阅读效果。

（3）抓住主题句，利用信息传递及组织模式把握语篇中句子和段落中心，并进行必要的语法、词汇衔接手段分析和意义连贯推理。例如，用表示时间顺序、地理方位、因果关系等逻辑概念的"过渡词语"，以达到文章的连贯性和黏着性；运用"语法纽带"即通过使用省略、替代、照应等句法手段达到承上启下的效果。

2. 提高对词汇量与阅读量的重视程度

教师应督促学生增加词汇量和阅读量，鼓励他们多读、多写、多记，同时传授一些词汇记忆方法，如文章中记忆法、联想记忆法、造句记忆法、构词记忆法等。教师可以系统讲授一些词汇学习理解方法，如利用词缀猜测生词的含义；利用上下文来推测词义；利用近义词、反义词、同类词来比较词义；通过加大阅读量来巩固词汇等。同时注意一词多义，引导学生掌握词汇的派生、合成和转化等构词法知识，建立起便于记忆和应用的新图式，扩大词汇量。

3. 传授快速阅读的技巧

（1）跨越生词障碍。跨越生词障碍可以通过猜测词义来解决，猜测词义的方法有很多，如根据语境、定义标记词、重复标记词、列举标记词以及同位语、同义词、反义词或常识等。但这些方法都离不开两个方面：一方面是学生的文化修养，即语言、文化素质；另一方面是通过全局识破个体的能力，这就要求学生要不断扩大自己的知识面，懂得社会、天文、地理、财经、文体等科普性知识。

（2）浏览所提问题，带着问题读文章。一般而言，作者根据自己的意图和思维模式，通过一定的语言手段，把分散的、细节的、具体的材料组织在一起，在训练或测试中，命题者往往采用多种方式进行提问，有直接的和间接的，但无论如何，命题范围和思想基本与作者一致。学生应先了解问题的要求，带着问题和所需的信息去查询，以提高阅读速度。

五、英语写作教学

（一）英语写作教学的特点

第一，写作是一个输出和检验的过程。学生要有一定的信息输入——对体裁、内容都要有一定的了解，同时无论是课后还是课中，学生都应有一定的阅读量，积累丰富的词汇、句型和语法，才能在写作课上游刃有余。换言之，写作能够检验学生平时的知识积累程度，检验学生对语法的掌握和词汇的运用等。

第二，写作是循序渐进的过程。写作要求学生进行丰富的联想，发现题材并将之组织成文。提高写作水平并不是短时间内能够做到的。要想切实提高自身的写作水平，还需要多阅读、多分析，反复练笔。因为，写作的过程并不是简单地记录所看到或所读到的内容，而是用另一种语言表达自己的思想的过程，其中涉及遣词造句、文章架构以及段落的衔接等方面的问题。

（二）英语写作教学的方法

1. 指导写作过程

（1）明确审题立意。审题是写好一篇文章的第一个且是最重要的环节。文章是否切题就看学生是否认真审题，是否能明白题材的写作要求。高校英语写作都会给出提示语甚至作文题目，学生必须围绕所给提示语或题目展开论述。因此，审题并理解题意很有必要。学生在拿到作文题目之后，先要仔细阅读题目，认真审阅写作部分提供的说明与要求，再确定相应的体裁，如议论文、说明文。议论文主要是权衡利弊或就观点进行反驳等；说明文主要是阐述主题或提出解决问题的方案等。教师可以对学生进行提问，了解他们的审题情况。通过审题，学生明确文章的中心内容，从而达到审题立意。

（2）列出写作提纲。在确定中心思想之后，学生需粗拟一个提纲。提纲是文章写作的计划，也是一篇文章的基本框架。提纲可根据文章的结构列出。文章是由引言段、正文部分和结论段三部分组成。引言段揭示主题，正文部分从不同的角度对主题进行阐述，结论段对全文归纳总结。

（3）确定作文主题句。主题句是表达全文主题的句子，它概括了全文的大意，全文的其他文字都应围绕它展开。因此，主题句一般放在文章的开头，其特点是开门见山地摆出问题，然后加以详细说明。主题句具有较强的概括性，它概括了全文的中心思想，反映了作者写作意图，是全文的核心所在、作者思维的起点，它对确保文章主题突出，有着举足轻重的作用。教师可以通过学生的主题句得知其对文章主题的把握情况，从而判定其写作前的准备工作是否充分。

（4）撰写扩展句。扩展句是用来解释和支持主题句的句子。确定主题句之后，学生可以根据所列提纲，围绕主题进行发挥，收集与主题句密切相关的写作材料，为主题句服务，详细说明并支持主题句的思想。选择的材料最好来自日常生活，因为它们真实且具说服力，学生也相对熟悉，易于把握。在撰写扩展句的过程中，注意句子之间必须用连词或关系词来连接，段与段之间要用过渡词，以体现文章的逻辑性，它们是连接句与句或段与段之间的纽带，在行文中起承上启下的作用。与此同时，学生要注意整个篇章的层次性，将最重要的先写出来，然后逐级递减，这样可以使文章自然、流畅，重点突出。

（5）升华结论句。作文的最后一部分由结论句构成，结论句通常与主题句一样包含全文的中心思想，它总结了全文，深化了主题。但所用的措辞与主题句不同，它是换一种说法，变换措辞。学生可简明扼要地总结前面所写的内容，重申主题，使文章结尾与开头相互照应。结尾部分能加深读者对整篇文章的理解，给读者留下更为深刻的印象。

（6）修改与整合。文章写完后，学生应认真通读一遍全文，修改明显的拼写错误，以及一些语法错误，如时态、语态等。为确保句子的正确性，尽量避免语法结构错误，这一过程虽不能针对例题、结构、修辞等方面进行全方面考虑，但对个别词汇、语法、拼写错误稍加改动也很有意义。除学生与教师修改外，还可以进行学生之间的互改互评。然后教师进行批改、讲评。讲评的重点放在文章的结构与内容上。

2. 掌握写作教学技巧

（1）根据不同的语境或上下文，学生需选择恰当的词语。在写作的时候，首先必须保证选词的正确性，根据所需表达的具体含义，选择最为恰当的单词。在考虑相同的意思时，同一词语在一篇文章中最好不要重复出现，而应考虑使用其他同义词或近义词替换，

第二篇 英语教学研究

可以选择一些具有一定难度的单词进行替代，恰当地使用高难词汇有助于提高写作层次。

（2）句型在写作中，除了词汇可以丰富多彩外，还可以使用不同的句型结构。通常而言，学生在写作过程中受自身的知识和时间等方面的影响，在句式变化上未能深入地思考，以致行文呆板、不够灵活。在英语写作中，有很多的特殊句型都可以运用在写作中，可以让学生多使用典型句式，适当运用成语和谚语，恰当使用一些平行、对比结构。

（3）结构衔接。在写作过程中，要使句子或段落之间的衔接紧密，需用一些关联词来连接，这样才能使文章自然、流畅。关联词可以连接段落或句子。段落是文章中最基本的单位，它表明了全文的结构层次。写作时一定要段落清楚，有开头、主体和结论三部分，全文需分段撰写，而句子又是构成段落的基本单位。如何将它们有机地组合起来，这就需要使用过渡性的词语，并根据关联词表示的逻辑关系不同选择关联词。

第六章　英语教学的维度研究

第一节　英语教学的生态维度

一、英语教学的生态特征表现

（一）英语教学的生态系统

高校英语生态教学是一个完整系统，从属于教育生态系统，由一定教育环境的相关要素组成，这些要素可以分别归结为自然环境、社会环境和规范环境。教育生态系统以人的活动为生态环境主体，按照人的理想建立一套相应的系统要素。教育生态系统特点包括：社会性，即受人类社会作用和影响；易变性，即不稳定性，容易受到各种环境因子影响，并随人类活动而发生变化，自我调节能力相对较弱；目的性，系统运行的目的除了维持自身平衡外，还需要满足人的需要。教育生态系统的运行，既遵循自然生态系统的某些规律，也遵循社会系统的某些规律。

"教育生态学是将生态系统内在机理映射到教育领域，并针对二者的相互作用和联系性开展深入研究的新兴学科。"[①] 从教育生态学而言，教育生态系统是由生态主体和生态环境构成的有机整体。教育的生态主体主要指学生和教师；教育的生态环境指对教育活动发生作用和影响的环境体系。

教育生态环境包括三个层次，实际上也是教育生态系统的三个层次：①围绕教育的综合自然环境、社会环境和规范环境所组成的单个或复合的系统，如整个教育工作教育事业；②以单个学校或某一教育层次的某一教学单位为中心，构成、反映其内部相互关系的系统；③围绕学生个体发展而形成的外部环境，即由自然、社会和精神因素组成的系统，如学校自然环境、教育政策、教学活动、教师学生生理心理条件等。高校英语教学生态系

① 魏丽珍，张兴国. 高校英语教学的生态特性及教学定位探究［J］. 环境工程，2022，40（2）：2.

统处于第三个层次。

1. 英语教学生态系统的构建原则

高校英语教学作为一个生态系统，拥有系统所属的基本特征。按照生态系统的基本特性和教育教学的基本规律，要构建相对理想的英语教学生态系统，必须充分体现以下主要原则。

（1）整体性原则。高校英语教学系统是由教学主体（教师和学生等）、教学物理环境（自然环境）、社会环境、心理环境、规范环境（教学目标、教学策略和教学阶段等）等要素构成的统一有机整体。教师和学生脱离教学环境，便不再是严格意义上的教师和学生，而没有教师或学生的教学，同样不再是教学活动。教学系统中的教学目标、教学策略也不是先于教学系统而存在，而是在教学系统不断优化和发展中逐步形成和完善。关注各个要素的同时要考虑系统整体的平衡性，而系统整体的稳定和发展也是各要素共同作用的结果。因此，在构建相对理想的高校英语教学生态系统时，必须把系统的整体性放在首要位置，并发挥其作用。如此强调整体性，关键在于要使组成系统的各种要素在有规则的过程中整体发挥作用。

需要特别注意的是，在研究教学系统中各个要素时，既要将学生看成整体系统中的一个重要部分，又要把学生看作一个完整的生命有机体，尊重其认知、情感发展的规律，赋予学生完整的生命教育。英语教学策略与教学方法也有各自特点和规律，在尊重这些规律和特征的同时，需要考虑如何优化和加工，才能使其为英语教学系统的整体目标服务。

（2）相关性原则。高校内的教务部门、英语教学机构、学生班级，教务人员、教师、学生、校园环境、实验室、实践基地，教学制度、教学要求、教学模式、教学管理、教学方式等，都是紧密联系、相互依赖、相互作用的，作为系统要素，表现为一种相互关联的共生态，各要素互为条件并相互影响，就是系统的相关性。

教师为学生的学习提供服务，学生又是教师存在的条件。同时，学生之间也存在共生性。不同教育群体处于同一个教育生态系统中，为全面发展而创造良好的校风、班风，彼此间相互学习相互鼓舞、相互提高，体现互助和互惠关系。因此，必须高度重视系统相关性的特质，正确处理各要素之间的关系，使之相互协作、相互支持、相互补充、相互理解，才能充分发挥各自的积极性、创造性，形成强大而健康的合力，使高校英语教学环境成为一个充满活力、生机勃勃、有序运行、高能高效的教学生态系统。

（3）有序性原则。构建相对理想的高校英语教学生态系统，遵循有序性原则显得尤为重要。在高校英语教学生态系统内部，各个子系统、各个要素均是层次等级结构，其形态特征是稳定有序的。但事实上，形态特征的稳定有序并不能说明实际运行一定稳定有序，这是在构建相对理想的高校英语教学生态系统时所关注的一个核心问题。需要特别指出的是，对高校英语教学活动总是希望其过程稳定有序是完全正确的，但这种愿望和追求又不能过于绝对，因为波动和无序也是客观存在、不可避免的。

有序使人们便于驾驭局势，便于操控实际工作，实现既定目标，但这样的有序也会束缚和限制人们主动性、创造性的发挥；无序会干扰有组织、有计划、有目的的工作，但是会带来自由发挥和机动调整的新因素，带来可供选新机会，由此而纠正或者完善既定计划方案中实际存在的误差和不足。因而，有序和无序都是人们在工作中发挥主动性和创造性的必要条件，同时又互为限制因素，两者彼此适中才能构成系统的不断优化，这一点对于创建相对理想的大学英语教学生态系统格外有启示，因为要构建的系统是一个自由活跃、充满和谐和生机的系统。

（4）协变性原则。协变性是当系统出现变化，特别是出现无序时，通过系统内部的协同作用，使系统实现有序。实际上，高校英语教学过程是一个动态起伏的过程，有智慧、有经验的教师会把这种动态起伏把握得恰到好处，做到动静有度，起伏有序。在英语课堂上，教师、学生以及他们的心理情感总是相互作用、相互影响，一个因子的变化会导致另一个因子发生变化，这种变化作为系统要素因子可能是维护系统的有序性，也可能是影响系统的有效性。如果是后者（影响系统的有效性），则要通过系统内的协同组织功能消除这种影响，使系统重现有序。

教师的教学理念将决定其选用的教学模式、教学方法和教学资料，不同的教学模式、方法和教材对学生的知识结构和认知能力将产生不同影响。学生也许一时不适应，但会努力做出心理调整，使知识结构和认知能力适应教师教学发生的变化。学生的认知结构和认知能力变化，又可以改变教师的教学理念，教师或将坚持其教学理念，抑或将对已有的教学理念重新理解，甚至放弃。协同变化还表现在教师和学生间的情绪变化，学生的情绪会直接影响教师的情感，在积极的课堂情感环境下，学生的主动参与会提高教师的教学热情。

高校英语教学生态系统的可持续发展在于系统的生命力，即生命存在的能力和生命发展的能力。对于构建相对理想的高校英语教学生态系统并充分体现其可持续发展能力，主要依赖于：一是系统本身的科学性、合理性。换言之，该系统不完全是主观产物，而是客观需要的产物，它的存在、发展、运行是有规律的，是合乎历史逻辑和常理的。二是该系统运动的动力是源源不绝的，有持续不断的信息、物质、能量输入和输出，维持和更新系统本身的动态平衡和发展需要。三是系统运行的可靠性和可控性，即该系统是有序和无序的有机结合，是可靠的，也是可以驾驭和控制的，能够通过有效调节，维持其正常运行的状态。四是系统的各个子系统、各个要素的主动性和能动性，是积极的而不是消极的，是主动的而不是被动的，是求新求异的而不是守旧保守的，都有使系统更优的普遍心理追求和实际行动。

2. 英语教学生态系统的构建规律

高校英语教学生态系统的运行有其自身特有规律，结合教育生态学比较有共识的基本规律用于高校英语生态系统中，主要包括以下三个方面。

（1）平衡与失衡。自然界中的各种因子都是彼此间互相联系和制约，并由此构成统一体。因子之间的相互作用达到一个相对稳定的平衡状态就是生态平衡，可见该平衡状态是通过自然生态系统的自我调节而达成。生态平衡是动态平衡而不是静态平衡，是相对平衡而不是绝对平衡。当生态系统受到外部干扰超过生态系统自我调节能力的可控范围时，生态系统将无法维持相对稳定的平衡状态，被称为"生态失衡"。一旦出现生态失衡，各种生态问题会陆续出现。在高校英语教学生态系统中，智能信息、物质在各个因子间转换和循环，各教学因子间的相互作用和制约，使教学生态系统处于相对稳定的状态，但是局部生态中教学失衡现象也会发生，需要通过外部干预或内部自调自控机制干预进行调节，使得教学生态系统达到新一轮的稳定平衡。

（2）迁移与潜移。生态系统的物质流、能量流和信息流的循环与交换，表现为宏观上的迁移和微观上的迁移。高校英语教学生态系统的物质流、能量流和信息流同样也表现出迁移和潜移特性。教师讲授课程、向学生演示语言技能，语言知识、信息流动有明确的流向和路径，这是知识、信息的转移（迁移）。知识和信息通过感官进入学生大脑后，学生的认知结构会发生变化，知识、信息被分解为数据，再由数据合成信息，建构成新的认知，这些新的认知将对学生的身心发展产生影响，特别是由于语言是文化和思维的主要承载，这些新的认知将促成学生认知的发展，或情操的陶冶，抑或世界观、人生观和价值观的发展等，这是知识和信息的潜移。

（3）竞争与协同。同一生态环境中的不同物种之间存在竞争，从长远观点而言，物种间的相互竞争最终会导致协同进化。环境的不断变化给予生物个体进化的压力，而环境不仅包括非生物因素，也包括其他生物因素。在高校英语教学生态系统演化和发展过程中，学生之间的关系也有竞争与协同发展的关系。在教学生态环境中，协同发展表现得更为明显，但竞争关系也使学生学习更有动力。要实现协同发展，需要调整竞争与合作之间的关系。

3. 英语教学生态系统的构建要求

高校英语教学生态模式是高校英语教学系统，高校英语教学政策系统和教师、学生心理情感系统以及高校所处自然环境、社会环境的复合体。构建相对理想的高校英语生态教学系统模式，最关键的是两个条件：①组成该系统的各要素应比现有要素更优越、更强健；②由这些要素所组成的系统结构比现有的系统结构更优越、更科学，才能保证系统更优越、更高效、更强劲，实现人们对高校英语生态教学模式所期望的功能效果。因此，构建相对理想的高校英语教学生态系统，至少有以下五个方面的基本要求。

（1）英语教学的生态系统必须是一个紧密联系的系统。联系是事物本身的固有属性。系统是由一定数量并相互联系的要素组成，是事物普遍联系的一种状态。联系导致事物之间及事物内部各要素之间相互影响和相互作用。在相对理想的高校英语教学生态系统中，作为要素的高校各有关部门（尤其是教学管理部门）、各院系（尤其是承担高校英语教学任务的外国语学院）、各专业、各班级以及教师、学生、教学空间等，还有高校英语教学政策系统、教师学生情感系统及其各要素，均应是紧密结合、有机联系的。换言之，这些要素的存在和组合需要紧密联系，其组织、机制和秩序要便于系统有目的地运行。因为紧密联系才能构成系统的整体性，才有可能实现整体大于部分之和，这种紧密联系是各要素相互依存、相互制约、相互作用，是系统高效的反映。紧密、有机的联系也是系统的结构性和相关性的保证，而结构性和相关性又是决定系统整体功能的关键，结构越合理，相关度越大，整体内能越好，反之亦然。

（2）英语教学的生态系统必须是一个开放创新系统。开放系统是与周围环境和相关系统发生信息、物质、能量交换的系统，是一个活的系统。开放系统一旦切断与外界信息、物质能量的来源，便会影响系统的稳定有序。同时，系统的自组织能力能够在一定条件下应对和抗拒外部干扰，保证系统的稳定性。开放的系统一定要不断吸收外来事物，以维持和发展自身运动。构建相对理想的高校英语教学生态系统，必须是一个开放系统，也必须吸收外部信息、物质、能量，保证自身运行。教育的开放与交流是人类文明进步的表现，创新是事物发展的不竭源泉，也是系统不断进步、不断优化并朝着最优状态接近的强大动力，对于相对理想的高校英语教学生态系统建设尤其重要。因此，相对理想的高校英语教学生态系统必须是一个改革创新的系统，是一个兼收并蓄、对外开放的系统，以保证系统的可持续发展。

（3）英语教学的生态系统必须是一个稳定有序的系统。系统具有严密的结构和稳定等级层次，以体现系统的组织化及各要素之间不可分离的相关性，也是系统运行稳定有序的基础和前提。相对理想的高校英语教学生态系统则是一个稳定、按规则运行、易于调控的高效高能系统，必须限制、消除无序，保证和扩大有序，也要正确处理有序和无序的辩证关系。高校的英语生态教学系统，其结构关系、等级层次、运行秩序都应是严密的、明确的，校级的教学行政管理部门及各相关部门的职责、任务、工作方式与内容，院系及外国语学院的职责、任务、工作方式内容，教师、学生的任务和教学方式、学习方式内容，都要明文提出要求，并要有严格的执行和检查督导机制，才能够及时消除工作中的无序和干扰，保证整个教学活动稳定有序地进行。

（4）英语教学的生态系统必须是一个自调自控系统。为了保持和发展系统的稳定、有序和高效，相对理想的高校英语教学生态系统必须具有自我调节、自我控制、自我纠错的机制和功能。因此，要求系统的自组织能力、环境适应能力、协同调处能力、信息反馈能力强。最关键的是系统不仅能够很快发现外界干扰，而且能够很快发现自身运行中出现的问题，既可以及时对抗干扰，又可以及时自我纠错，使系统按照既定目标继续有序运行。相对理想的高校英语教学生态系统，应该展现自调自控的能力。高校的英语教学是一个庞大复杂的系统，系统本身和系统运行受到外界干扰是不可避免的，随时都有可能发生，但出现这些问题的系统，首先要有自己解决问题的能力。

（5）英语教学的生态系统必须是一个充满活力的系统。活力是旺盛的生命力，行动、思想和表达上的生动性以及积极的情绪和心境状态。活力包括三个方面，即体力、情绪能量、认知灵敏性。把"活力"的概念移植到高校英语教学生态系统中并作为一个特定功能，要求相对理想的高校英语教学生态系统具有旺盛的生命力，充满无限生机。具体而言，该系统中的人（管理人员、教师、学生）身体健康，精力充沛，饮食、睡眠良好，业余活动积极向上，思维敏捷、工作和学习效率高，充满自信，追求卓越，动机强烈。

高校英语教学生态系统的管理人员应该恪尽职守，既坚持原则，以人为本，又实行人性化管理；教师不断改进教学方法，因材施教，倾听学生意见，课堂生动活泼，既教书又育人；学生学习积极主动，能够把握情感情绪，以饱满的热情上课听课，并热衷师生互动。该系统所遵照执行的各项政策、规定制度，其指导思想正确，内容切合实际，既能规范各项教学活动，又能体现民主管理，调动师生员工的积极性和创造性。

（二）英语课堂的生态功能

课堂生态功能就是指课堂生态系统内部各生态因子之间的相互作用或系统与外部环境之间的相互作用给系统内、外带来的积极作用，这种作用只能在系统与环境的相互作用过程中才会表现出来。结构和环境决定系统的功能。

结合课堂生态的性能和生态课堂的表征，从系统对内部结构、内部关系、系统整体以及社会所产生的作用，可以归纳出课堂生态的以下功能。

1. 协调关系的功能

教师和学生是课堂生态里面的生态主体，他们之间的关系是课堂生态的重要构成和主要关切。师生关系是流动的、互为依存的，通过课堂教学活动不断调整变化。生态视野下的课堂追求师生之间更多的交互，提倡学生更多的课堂参与，这些教学活动给系统输入新的动能，促成一种新型的互相尊重的和谐师生关系的诞生。此外，生态视野下的课堂重视主体性，强调学生与教师之间、学生与学生之间、教师与教师之间的多元互通。师生交互的过程中，必然伴随着情感的交流，情感信息在各种生态因子之间发生流动，形成情感交流的动态网络。学生的情感态度会影响教师的教学，教师的情感态度会影响学生的学习，师生在教学生态中不断通过反馈自我调整情感，有利于师生关系的和谐。同时，课堂生态中主体与客体的关系也通过系统的反馈不断优化，关系趋向更加和谐。

2. 优化结构的功能

课堂生态的营养结构也是比较清楚的，教师生产知识，学生接收知识，环境在过程中起着媒介的作用，在这点上教材扮演着重要角色，学生通过对教材的学习增强自己的知识，提升自己的能力。在生态理念的推动下，课堂生态因子之间的互动随之发生变化，课堂生态逐渐由传统型向建构型、共建型等新的生态结构演化，在此过程中课堂生态系统得到不断优化。

3. 生态育人的功能

生态系统的最根本功能是提升生产力，课堂生态的根本功能是培育人才，这里的生态育人包含三层意思。①生态主体的共同成长。人是教育的核心元素，育人是教育的根本任务，所以课堂生态的功能归根结底是育人的功能。和谐与共生是生态课堂的根本属性，教师和学生的共同成长是生态课堂的最终目标。②生态主体的均衡发展和可持续发展。现代课堂生态更加关注人的全面自由个性发展，提倡多样性共存。可持续发展指对学生的培养更加放眼长远，注重自主学习能力的培养和终身学习理念的传输，最终通过人的可持续发展促进社会的可持续发展。可持续发展是现代生态学研究的重要领域和重要思想。③育人方式更加生态、更加科学。现代课堂生态更加重视学生的主观能动性，认为知识是靠自己参与活动体验出来的，是靠自己探究发现出来的，要发展自己的判断能力和自主学习的能力。因此，灌输式教学不是生态课堂的追求，建构式和共建式课堂是现代课堂生态的主要形态。

二、英语教学的生态课堂构建

（一）教师教学层面的生态课堂构建

教师是教学活动的力量源泉，是教学实践的中心，是教学活动的设计者、领导者、组织者，也是教学的执行者。教学是一种让学生认识其他事物的活动，学生作为活动参与者，教学内容作为活动中的认识对象，教师作为桥梁和媒介将两者串联在一起。在教学过程中，特别是有着生态化语言的环境下，教师不仅要善于引导学生在学习中找到适合自己的学习方式，使之合理运用并获得新的知识，用所学解决遇到的问题，还要深化生态化语言学习，让学生真正获得实际效用。

学生作为活动的参与者，应该知道如何学会学习，而教师要做的，不仅是引导他们的学习方法和思维转向，还要引导他们形成正确且良好的人生观和价值观，更要对学生在语言学习上进行启迪、激励和引导。在学生自主学习方面，教师应该学会引导学生提出问题并能够自己解决问题、自主选择适合的学习方式、自主选择学习目标、自己能够控制和调节学习进程。总而言之，教师在英语生态教学模式中作为有机组成部分之一，有着重要作用。为了实现生态化英语语言教学模式转向，教师需要让自身语言知识文化观、教学角色意识和教学方式发生根本性转变。

1. 提升教师语言知识文化观

语言学和语言哲学中的一个主要命题是语言知识文化观，因为决定是否能够形成正确的英语教学观。语言观是人们如何看待语言本质，一般而言，教师的语言观对英语教学的影响包括：在教学过程中，如设计教学大纲、回应学生在学习中的反馈、组织课堂教学等方面遇到很多问题，而这些都会受教师在英语课堂教学过程及组织的影响。当然，在英语教学过程中，并不是所有的教师都会直接运用语言学知识，而且教师如果只是掌握其中一点语言学知识并不能解决所有问题。相互联系但是意义不同的参照构架之间的相互作用，才会产生有效解决语言教学问题的方法。

受到教学语言观影响，教师会在教学内容上选择广泛的知识范围，而语言知识选取则会被教师的语言观所影响。英语教师对所教语言性质的认识，也会受到教师语言观中语言学对于语言描写的影响。语言学家从不同的角度，对语言有着不同的理解和描述，工具论的内容指语言只是一种交流手段，作为人类在社会交往时的一种必要手段和人类生存与发展的必要工具，也就是用于交流、表达思想、讨论工作。文化论认为，实际上人类赖以生存和发展的基础是文化，每个人都是在一定文化气息中长大和生活，而语言则是社会文化大系统的主要构成要素之一。

2. 转变教师教学的角色意识

高校英语教学发展至今，已经不只是要达到单一的对英语基础理论知识传递的要求，还增加了英语交际能力与实践能力、语言掌握能力等，对英语教师提出了更高要求。教师要转变自己的教育理念，从传统英语基础理论知识的教学逐步转变成多方面的英语教学。为此，教师要从教学实践前期开始改变，要对学生进行分析，根据学生的个性化特点，制定教学目标、确定学习方法，从而适应各个阶段、各个层次的学生教学。另外，教师要在原有传统教学手段基础上，增加新的教学手段，引入多媒体以及网络教学资源，丰富教学内容、提高教学效果。教师要改变原有的单一内容型教学传递方式，改变原有仅重视理论知识传递的教学方式，应在教学过程中引导学生学会自主学习，调动学生学习的积极性，从而达到更好的教学效果。

在新的教学模式中，要以学生为中心，教师作为教学实践的实施者，要逐步改变原有知识传递者的角色。在新型的教育体系中，教师的作用侧重于引导学生进行自主学习。在学生自主学习过程中，教师又扮演着观察者的角色，观察学生在自主学习过程中遇到的问题与解决问题的方法，并且在观察过程中提出问题，协助学生利用自身能力，寻找问题的解决方法，这个过程对教师观察问题的能力有着很高要求。新型的教学实践对于教师的组织教学能力也有很高要求，因为教学实践已经不仅局限于课堂上的讲解以及课后考核，而是要在课堂实践过程中组织活动，让学生在活动实践中学习，这些都是教师角色的转变。

3. 运用多元化的语言教学方式

随着社会发展和教学体系的改革，教师在语言教学方式上也要进行丰富，即从最初完全讲授与接受的课堂教学方法，逐步转变为课本剧表演、课堂讨论等新型的教学方法。此外，教师还可以设计更多的教育教学方法。教师在制定教学方法时，要以能够促进学生发现并掌握新的知识为原则。教师在教学方式设计上要有创新，只有新型的教学模式，才能激发学生自主学习兴趣。兴趣是最好的教师，学生对课程有兴趣，易于取得更好的学习效果。

（二）学生主体层面的生态课堂构建

1. 提升语言学习时空的流变性

时空流变性的建设基于时空的三维性。空间有三个维度，即长、宽、高；同样，时间也有三个维度，即现在、过去和未来。时间的三个维度与空间一样，都需要引起足够重视。从人文角度和心理视角可以观察和体验到现在、过去和未来，也能够确认三者之间的区别与联系。离开时间的三个维度，则谈不上时间流程和时间观念。

语言学习也是一种学习模式的延续，在学习第二语言时不可避免地会受先前母语学习影响。第二语言的学习遵循母语学习规律，并且母语学习的思维将影响第二语言学习思维，表明语言学习也具有时空思维，与英语的生态教学模式理论相吻合。因此，语言学习分维模式是先有各种规模水平的现象和事件的复制与投射，语言学习在空间上也表现出其流变性。

空间流变性是语言的学习会受身边文化变化影响，这个过程会对学习母语过程中养成的习惯与经验进行改变，甚至是重塑。语言学习受时间以及空间的影响，是两者综合作用的结果。

2. 增强语言学习历程的影响力

英语教育在进行改革后，将英语课程的启蒙年级降低，在低年级阶段引入英语教学，并且在课堂教学结束后引入评价过程。在每个阶段学习后，教师都给予学生一个评价，让学生能够通过评价了解自己对于语言的掌握程度，增强学习语言的信心，从而培养学习语言的兴趣，逐步达到自主学习。在评价体系设置上，不能仅考核结果，因为会培养出一批应试教育的学生，不利于他们将来语言交际的实践。

评价体系分为两个方面：①过程评价，即对于学生学习英语的过程进行评价、对学习的态度等进行评价；②结果评价，即在每个学习阶段结束后，对学生的掌握情况进行结果评价。在这样的教育体制下，教师需要进行自我提升。教师要利用自己的教学能力，为学生提供更多的教学资源和更为丰富的教学方式。如今，互联网技术如此发达，教师应该引入互联网教学资源、视频教学资源等，让学生在模拟实践过程中获得更好的学习效果，甚至让学生参与视频教学资源的制作过程，可以充分调动学生的积极性，更好地提高学生的英语使用能力。

（三）教学环境层面的生态课堂构建

语言环境对语言学习有着非常重要的作用，人所处的语言学习环境中各种要素综合产生的作用，最终决定一个人的语言能力。当一个人所处的语言学习环境利于学习时，能够调动学习者学习语言的积极性，使其产生原动力，推动自己积极主动地学习语言。学习语言的环境对于语言学习起到至关重要的作用，语言环境是语言学习者的摇篮。

阅读、写作、听力、口语学习对语言环境的要求不同。我国学生一直是在母语环境中学习英语，英语和其他学科一样，也被视作一门普通课程。因此，学生在英语听力和口语训练上投入的时间并未达到学习英语最低的时间标准，而培养阅读能力的语言环境相对简单。所以，在汉语环境中学习英语时，阅读能力的培养则成为比较容易的方面。阅读能力是基础性的能力，决定对语言知识的掌握程度、对信息的获取程度，也决定着学生的听力、口语、写作、翻译能力。在高校英语教学中，要始终贯穿提高学生阅读能力训练，因为学生走上工作岗位后，阅读能力对其十分重要，而且现阶段，大部分学校的教学模式更利于培养学生的英语阅读能力。

1. 英语教学与生态课堂的联系

课堂和英语教学有着密不可分的联系，对学英语的人的学习效果和人才培养模式有很大影响。对很多学生而言，几乎是在英语课堂上完成学习英语的过程，课堂的学习氛围会对英语教学质量产生极大影响。英语教学要尽可能多运用英语，再加上母语辅助，在学英语时要有用英语的教学思想，要将课堂环境变成良好的语言教学环境。在英语课堂教学时，课堂氛围可以提高学生的学习积极性，让学生对英语产生兴趣，帮助学生很好地利用课堂生态环境，培养用英语交流的习惯，让学生在课堂教学时一直处于活跃的状态。

教师尽可能地运用英语来教英语的优点是将英语作为交流的介质，这样可以将学习主体（学生）、学习客体（英语）两个要素连接成一个整体。因为英语教学的目的和中间介质是英语，无论是学生还是教师，他们在课堂上都运用英语，为英语输出提供环境。学生在学习英语的同时，也在运用英语，可以把英语教学形式和内容很好地结合在一起，从而提高英语教学效果。"使用语言学习语言"是交际教学法倡导的理念，是在沟通时通过刺激语言系统本身和激活固有语言信息自身的发展而得到语言。

2. 英语教学语言生态环境构建

英语教学需要建立一个和谐的生态语言学习环境，需要激励学习者在现实和自然语言学习环境下，尽可能地运用现代化的学习条件和信息，不断提升语言使用能力，把社会文化和语言结合在一起。

（1）收看英文电视节目或原版影片。语言承载着文化，学习者在看英文原版电视剧时，除了能够学习英语和练习听力外，还能够了解文化和语言之间的相互关系。在观看过程中，除了留意节目中的日常生活用语，还能了解英语文化。所以，看原版影片是一个提高英语应用能力、丰富英语文化知识的有效途径。经常看英文原版影片还可以提升学生听力，因为在观看电影或者电视剧时，有相关画面帮助听力理解。听音的过程也是一个繁杂的学习过程，学习者不仅要注意节目中的语音，还要记忆和学习听力材料中的新知识，要正确区分日常口语、正式口语和书面语言的表示方法。

（2）阅读英语原版书刊。阅读英文书籍不仅能够增加读者的语言知识，还可以让学习者了解英语文化、开阔视野。因此，阅读原版英语书籍和英文读物，能够使阅读者感受英语语言的节奏感，通过其他人的遣词造句，提升自己的整体英语水平。

（3）利用网络，畅游英语世界。英语学习者要运用互联网和计算机媒体学习英语。随着网络的飞速发展，学习者通过互联网除了能够找到不同国家科技、经济、文化等方面的英文信息资料以外，还可以听到各种英文演讲。互联网上的音效、文字、图片效果，可以让学习者产生学习兴趣，让学英语变得有乐趣。

学习者是英语生态教学模式中的中心，除此之外，还与英语教师、英语语言以及英语学习的整个环境有关，他们具有相辅相成的作用。提高大学英语课堂教学的质量，"优化大学英语教学的情感环境、社会环境、评价体系及网络环境，创建一个动态、和谐、平衡的大学英语教学环境"[①]。在学习中，教师的教学方法与整体教学效果有很大关系，学生

---

① 郭坤，田成泉. 高校英语生态教学环境的优化 ［J］. 教育理论与实践，2016，36（24）：56.

对语言的学习与教师的教学具有相互推动关系；在教师教学过程中，教师能够学到从未学过的知识。在整个英语学习过程中，学习者的学习状态与学习环境有很大关系，如果学习环境和学习氛围好，学习者能够从中获得更多知识。学习者与英语语言经常被人们看成相互对应的关系，但实际上却是英语生态教学模式的主要组成成分。在学习者学习英语语言的过程中，英语语言对学习者又具有极大的影响力。

英语教师和英语语言联系的重点，是英语教师把握好英语语言的同时，英语语言存在的意义又会影响英语教师对教学方式与教学内容的确定。在当今的英语教学模式中，良好的学习环境和学习氛围可以为学习者提供一种学习动力，让学生能够更好地融入学习氛围中，进而提高他们的学习效率。

第二节　英语教学的文化维度

一、英语文化维度的现实意义

第一，提高英语运用的准确度。文化和语言之间联系紧密，语言是一种特殊的载体，能够以现实世界为对象做出镜像反映，民族历史文化积淀丰富。在文化体系中，语言是重要的组成部分，也是文化的产物，为文化的传承和延续提供了强有力的支持。文化的发展能够推动语言的发展，语言表达产生于文化背景下。因此，必须充分了解语言的文化背景，以便正确理解语言所表达的内涵。英语表达过程中涉及的信息众多，包括典故、名言、历史事件等，通过文化教学能够提高学生对文化背景知识的认识，确保增强学生英语运用的准确度与熟练度。在英语文化学习中，学生能够深入理解英语中所蕴含的文化元素，掌握英语语言技能，增强学生语言表达能力。

第二，锻炼英语交际能力。英语交际的开展要求学生具备较强的语言能力，但即使学生具备较高的语言能力，也无法保证学生有较高的英语交际水平。高校英语教师应提高思想认识，把握文化教学对学生英语交际能力的影响，以便加大文化教学的投入力度，这对于学生英语交际能力的发展具有促进作用。

二、英语文化维度教学的策略

（一）重视学生主体地位

在全面素质教育大环境下推进高校英语教学中的文化教学，需要充分尊重学生的主体地位，调动学生的主观能动性，保证英语文化教学的层次化，激发学生的英语学习兴趣，增进师生之间的沟通，促进学生英语文化知识学习效率的提升。为促进学生正确文化价值观念的树立，在高校英语文化教学过程中，教师应重视学生文化认同感的培养，确保学生文化人格得以成熟化建立，对中西方文化形成正确认识。英语学习是一个循序渐进的过程，需要在深化学生对英语文化了解的基础上，加强学生对中国文化的学习，促进学生跨文化意识的养成，为本土文化修养的增强奠定坚实基础。

在高校英语文化教学中，应坚持平等、尊重和理解的原则，实现兼收并蓄，凸显教学特色，以中国文化为出发点开展语言沟通，在面对其他文化时应当保持开放和包容的心态。高校英语文化教学活动的开展，需要将素质教育特色充分展现出来，激发学生的民族自信，中西方文化均衡学习，确保学生英语运用能力的强化，提高中国文化表达的精准度，这就能够为学生英语学科综合素养的强化奠定坚实的基础。

（二）构建英语文化情境

高校英语文化教学活动的开展，应立足实际，对英语文化教学氛围进行创设，确保与教学内容相符合，给予学生以引导，在文化情境下开展高效的学习活动，促进师生之间深度沟通。在情境的推动下，学生发现问题并探寻恰当的解决方式，英语文化教学质量与效果均可得到显著提升。

为促进高校英语文化教学目标的实现，需要制定合理的教学大纲，保证文化教学的常态化。换言之，明确常规英语教学内容，将文化教学渗透其中，明确教学目标、深度、结构及方法等，凸显文化教学的重要性，在日常英语学习中渗透英语文化，在潜移默化中培养学生的文化意识，把握不同民族的文化差异并给予充分尊重。

（三）创新文化教学方法

在高校英语教学过程中，文化教学的推进必须以先进的教学手段为支持，大力提升教师的文化教学水平，在文本翻译方面对英语语法加以熟练运用，并创新文化讲解手段，打造生动有趣的英语文化课堂，对学生的英语文化学习兴趣和积极性加以充分调动，通过环环相扣的英语课堂来激发学生学习的主观能动性，巩固学习效果，为学生英语综合能力发展奠定基础。

为确保高校英语教师的文化教学水平得到显著提升，应提高教师自身文化修养，确保文化立场公正且客观，重视多元文化情境的创设，保证其价值性，尊重学生主体地位，对学生文化包容与解释能力进行有效培养。教师必须具备强烈的跨文化意识，发挥自身主动性，参与教学研究工作，对案例进行分析，以切实提升自身文化教学能力，保证教学方法的丰富性，高校英语文化教学质量与效率均可得到显著提升。

第二篇 英语教学研究

总而言之，为促进复合型人才的培养，在高校英语教学过程中应重视文化教学的推进，引导学生树立正确的文化价值观，强化学生的英语综合应用能力。为促进高校英语教学目标的实现，在英语文化教学过程中可从教材中挖掘文化素材，创新教学手段，组织开展丰富多彩的文化活动，培养学生的文化素养，切实提升英语文化教学质量，从而为社会培养优质英语人才。

第三节　英语教学的整合维度

一、英语教学资源整合与共享的可行性

第一，基础保障。高校英语教学资源的整合与共享离不开资源建设、技术、人员等基础性保障。一方面，资源整合与共享的前提是先有资源，然后才能整合与共享。近年来，随着高校英语教学改革的不断深入和国家教育发展整体规划的推进，我国各大高校的英语教学资源建设取得了较大成就，无论是数量上还是质量上都得到了较大的提高并向资源平台发展。另一方面，技术保障已初步具备。随着信息化进程的不断推进和国家的大力支持，实现数字化教育资源整合与共享所依赖的技术和环境已具备。目前，各大高校已基本实现网络化和数字化，随着无线网络的大力推行，网络基本上覆盖了校园的每个角落，校校通宽带人人可接入的局面已初步形成，为高校英语教学资源的整合与共享提供了基本条件。与此同时，网络技术和教育信息技术的快速发展，造就了一批业务精湛、结构合理的教育信息化师资队伍、专业队伍，为高校英语教学资源的整合与共享提供了人员保证。

第二，时代之需。随着社会的快速发展和科技水平的不断提高，社会对英语人才提出了新的要求，高等教育也必须随之改变。只有不断开展校际合作，跨学科、跨领域、跨地区地协同创新，最大限度地实现资源的整合、共享以及优势互补，才能从根本上提高高校的综合实力和竞争力，实现高等教育的可持续发展。因此，实现高校英语教学资源整合与共享是社会和时代发展的需要，是民众的呼唤、社会的需求、发展的战略。

二、英语教学资源整合与共享的构建

第一，政府引导，统筹规划。高校间实现真正意义上的资源整合与共享，减少低水平的资源重复建设，最大限度地实现高校英语教学资源的整合与共享，与有关职能政府的积极引导和统筹规划是分不开的。一方面，有关职能部门需从制定相关政策入手，从宏观上进行调控。通过转变人们观念，制定相关政策，打破高校间各自为营的局面，建立高校教

学资源整合与共享机制，促进高校间资源的协调发展。另一方面，通过统筹规划，集中优势力量，优先开发、建设优质教学资源，从而减少低水平资源重复建设，实现最大范围的开放和共享。

第二，多方参与，协调发展。除有关政府机构积极引导、统筹规划外，资源整合与共享的实现还需社会各界的多方参与，共同促进校企之间以及校际之间的协作发展，不断提高信息化水平，推进信息技术与教学的深度融合。积极吸引企业参与教学资源整合与共享建设，引导产、学、研、用相结合；积极营造开放灵活的合作环境，推动校企之间、区域之间、校际之间的广泛合作。与此同时，加强师资队伍、专业队伍和管理队伍建设，为资源整合与共享提供保障；在信息化环境下，广大学生也需积极参与进来，不断提升信息化学习能力，建立以学习者为中心的教学模式。

第三，确立标准，健全机制。确立统一标准实现高校英语教学资源整合与共享势在必行，要求各种资源按照统一的标准进行创建、整合与共享，实现资源间无缝、统一、多方位的全面链接，建成一个互通有无、优势互补、资源平衡的结构体系，以发挥资源的最佳效能和整体效益，体现以人为本的服务思想。健全机制包含多个方面，其中的评价机制和激励机制尤为重要。资源是否优质，能否为广大师生和学习者服务应交给使用者来判断。资源建设不应与时俱进，不断更新，最终实现生态化、可持续的发展。科学的评价机制不仅能更好地促进优质资源建设，促进其健康发展，而且通过建立配套的激励机制，也能鼓励和刺激优质教学资源的可持续发展和新资源的再生。与此同时，还应加强基础设施建设，规范网络与信息安全管理，构建安全、文明、绿色的信息化资源整合与共享体系。

第四节　英语教学的创新维度

一、任务型教学法下的英语教学课程建设

任务型教学法兴起于 20 世纪 80 年代，它强调"做中学"，是一种语言社会化和课堂真实化的语言教学方式，该教学法对英语教学具有十分重要的意义。任务型教学法注重师生之间的沟通与交流，强调课堂教学效率的提升，为中国高校英语教学模式的改革指明了方向，也为英语人才的培养创造了契机。

（一）英语任务型教学法的基本原则

任务型教学法在高校英语教学中应用十分广泛。在明确了任务型教学法的兴起背景、类型、原则等理论知识的基础上，为了在高校英语教学中更好地应用和实施任务型教学

法，教师应该在实施任务型教学法时明确任务型教学法的原则，主要包括以下方面。

1. 信息差的原则

信息差，简单理解就是交际双方之间的各自拥有的新信息。信息差的实施必须有共享信息作为基础。交际双方只有在共享信息的基础上，才能通过交流和交际来获得各自所需要的新信息，这也就是交际双方交际的最终目的。

在进行交际或理解任务的过程中，交际双方十分重视任务的内容、意义等，并不重视语言采用的形式以及语言的表达、语法的准确。交际双方只要理解了任务的内容以及表达的意义，就可以称得上交际的成功或任务执行的成功。因此，教师在教学中实施任务型教学法的过程中，应该关注信息差，了解共享信息的基础作用，理解双方的交际需求，明确任务本身所要表达的意义或价值。

2. 真实性的原则

在具体应用和实施任务型教学法中，教师应该保证教学任务设计或教学活动设计的真实性。具体而言，就是教师要明确语言交际应该在怎样的情景中发生，或需要什么样的情景进行交际。由此可见，真实性原则是教师在教学中实施任务型教学法必须遵循的原则。只有使语言与情景有效融合，才能实现交际的目的。如果没有真实性的情景，交际也很难顺利进行，语言知识与情景也很难融合在一起。

另外，教师应该从思想上意识到真实性原则在任务型教学法实施中的重要性，应该重视语言知识的情景性设计，鼓励学生在不断适应新的情景，同时引导学生利用各种手段和途径来理解语言知识情景。在此基础上，学生还应该学会将自己学习的语言知识与新的情景有效融合，从而实现知识中有情景、情景中有知识的多元化体系。

需要强调的是，在高校英语教学中，绝对的真实性情景并不容易实现，这里强调的真实性原则并不是绝对的真实性，而是要求尽可能地真实，尽可能地与现实生活贴近，或尽可能地为学生提供真实的教学情景、学习情景和交际情景。

3. 互动性的原则

语言教学需要互动性。高校英语教学也不例外。在任务型教学法实施过程中，也应该注重互动性。互动性强调的是交际双方在交际过程中的双向的，无论是对话、会话，还是讨论都是互动性的。具体到日常生活中的交际中，最为常见的交际方式也是双向的。在日常生活交际中，也存在着一些单向的交际方式，如话剧中的独白就是常见的单向交际方式。

在交际过程中，互动性是语言输出的基础，是信息交流和前提，是意义协商的保障。在互动中，必然有合作，必然有交流。需要指出的是，互动还需要一定的条件。例如，话语常规、人际关系、交际需求等，只有这样，才能保证互动是有意义和有价值的。与此同时，在互动过程中，为了能够保证互动的顺利性和有效性，互动双方还应该选择不同的语言交际形式。另外，互动的过程也就是交际双方互相了解对方的过程，也是获得交际需求的过程。可以说，互动能够使交际双方更好地认识语言、了解语言、理解语言和使用语言。

具体到高校英语教学中，英语教师在应用任务型教学法的过程中，也应该遵循互动性原则。例如，在高校英语教学过程中，教师可以通过对话、提问、交流、讨论、合作等形式来实施教学。同时，教师应该充分发挥互动的作用，采用多种方式鼓励学生主动发言、主动交流、积极提问、主动辩论等，这样有利于学生从中感受到互动的乐趣，激发学生学习英语的兴趣。另外，教师应该将互动性贯穿于教学的整个过程中，多布置一些互动性的任务，鼓励学生积极参与互动活动，从而使学生更好地完成任务。

4. 注重过程的原则

在任务型教学法实施过程中，教师还应该重视做事过程。在具体的任务设计中，教师应该多布置一些动手动脑的任务，并鼓励学生通过手脑结合来完成具体的任务。实际上，学生做任务的过程就是做事的过程。具体到语言教学中，就是用语言做完事情的过程。在这一过程中，学生不仅要对问题进行思考、分析，还要寻找各种方法解决问题。另外，教师还应该引导学生具体问题具体分析，不同的问题有着不同的语言做事技巧，从而选择科学、合理的方式来解决具体的语言问题，最终在认真做事过程中完成语言任务。

关于语言教学中，究竟应该重视教学过程还是教学结果。不同的教学方法研究有着不同的观点。任务型教学法认为过程比结果要重要得多。在做任务，即做事的过程中，学生就可以思考问题、分析问题、解决问题，从而使自己的语言知识更加丰富，使自己的语言体系更加健全。

5. 弹性模式的原则

在任务型教学法实施过程中，教师还应该重视弹性模式。换言之，在设计教学任务和教学活动过程中，教师应该结合具体问题进行具体分析，不能将任务设计成固定的模式，应该将弹性模式融入具体的任务型教学中，只有这样才能促进任务教学法的广泛应用。

6. 可操作性的原则

任务性教学法在实施过程中，还应该注重任务的可操作性。如果任务或教学活动设计得过于复杂或过于艰难，就不利于学生顺利完成任务。同时，在设计教学活动或教学任务过程中，教学道具、教学内容、教学时间等都应该合理安排，既能够满足教学需要，又能够将教学的内容和意义表达出来。

此外，有一些教学活动或教学任务，有时间的限制，要想在注重可操作性的基础上，教师在设计教学活动和任务的过程中，应该充分考虑多种因素，应该将课堂教学与课后练习相结合，同时还可以借助一些道具或利用一些信息化教学手段来进行设计，进而鼓励学生积极主动地完成任务。除此之外，为了增加任务的可操作性，在设计教学活动和教学任务的过程中，教师应该使任务设计的内容更加简明扼要，可以将任务做成能够修改的方式，还可以对任务中的内容进行重复运用。

（二）英语任务型教学法的特征表现

1. 重视任务链循序渐进的特征

任务型教学法包含数个不同的任务，且每个任务之间并不是孤立存在的，而是相互联系、相互制约、相互促进的。具体而言，在任务型教学模式中，任务的设置都是循序渐进的，遵循着由简单到复杂的顺序。同时，任务与任务之间都是紧密联系在一起的，具有层次性、关联性、连续性等特征。另外，任务型教学涉及的任务十分广泛，有单一的、综合的、输入的、输出的、初级的、高级的，等等。正是这些广泛的任务形成了一个循环的任务链，相互促进、共同发展。

2. 注重教学内容真实性的特征

任务型教学法注重内容的真实性，这是任务型教学模式的显著特点。具体而言，任务型教学的内容大多数与学生的日常生活密切相关，同时教学活动也是丰富多彩和富有层次的。任务的不同阶段有着不同的任务或活动设计。例如，任务的初级阶段，主要注重的是意义的建构和机械性的活动；到了任务的中级阶段尤其是在任务的高级阶段，主要注重的是知识运用方面的活动设计。无论是任务的内容如何设计，都尽可能地贴近学生的生活，保证内容的真实性。

3. 转变教师与学生角色的特征

在任务型教学法中，教师不再是权威者，不再处于语言教学的主体地位，确立了学生的主体地位。教师的角色发生了一定的转变，教师负责设计任务、提供资料、组织教学活动、引导学生学习等。由此可见，教师由传统的权威者转变成设计者、提供者、组织者、引导者、示范者等。相应地，学生的角色也发生了一定的转变。在任务型教学模式中，学生的语言项目使用不受限制，可以个人独自完成学习任务，也可以与小组内的其他成员通过合作的形式完成学习任务。学生可以自由使用语言形式和项目，充分发挥自己的特长，发挥自己的创造力等。

4. 转变教学评价方式的特征

任务型语言教学法与传统的语言教学法在评价方式上有着很大的不同，下面从不同的方面对其进行简要分析。

（1）从评价目标而言，传统语言教学法注重评价的结果、最终的成绩等；而任务型语言教学法注重评价的过程、能力的提高和发展。

（2）从评价内容而言，传统语言教学法注重单一语言知识的传授；而任务型语言教学法主要重视的是语言的应用能力、语言的学习过程。

（3）从评价手段而言，传统语言教学法主要采用的是单一性的评价手段，通常主要通过采用固定性考试的手段来对学生的学习情况进行评价；而任务型语言教学法采用的评价手段也是多元化的，不仅包括测试性与非测试性评价，也包括形成性评价与终结性评价。同时，还包括教师评价、学生间互相评价、学生对自己的评价等。

（4）从参与评价主体而言，传统语言教学法主要注重教师评价，评价的主体具有单一的特点；而任务型语言教学法的评价主体具有多样化的特点，不仅包括教师评价、学生评价、同伴评价，还包括家长评价、社会评价等。

（5）从评价效果而言，传统语言教学法受应试教育的影响，用考试和分数来衡量教学的效果，教师之间、学生之间的攀比性很高；而任务型语言教学法注重学生合作精神的培养，鼓励学生积极主动参与学习活动。

（三）英语任务型教学法的创新应用阶段

1. 任务前阶段

任务前阶段是高校英语任务型教学模式实施的前提。准备阶段与呈现阶段都是任务前阶段的实施步骤。任务前阶段是任务型教学模式不可缺少的阶段，其主要作用包括两个方面：一方面是通过任务前的准备工作和呈现工作来激活学生的已有知识体系和思维，使学生能够在已有知识体系的基础上构建多元化的语言系统；另一方面是为任务实施的下一阶段做准备，使学生能够积极主动地学习，积累丰富的知识，为任务的完成奠定基础。

（1）准备任务。在任务的准备阶段，学生要积极地参与任务，并通过多种手段获取信息并对信息进行相应的处理，同时还要对这些信息内容进行表达，从而提高自身的语言技能和表达能力。具体到高校英语教学中，教师在任务准备阶段，还应该注意英语输入的真实性以及英语任务设置的难易程度。只有这样，才能使学生更好地为英语任务的下一阶段做好准备。

（2）呈现任务。任务的呈现，简单理解就是教师向学生介绍需要完成的任务。同时，强调完成这一任务需要学生利用新的语言知识。除此之外，教师还应该根据学生的具体学习情况，为学生创造真实的情境，从而调动学生学习语言的积极性。

2. 任务中阶段

任务中阶段对学生的语言习得起着至关重要的作用。在任务中阶段，教师应该结合学生的实际学习情况，合理选择任务，避免任务的难度过高或过低。具体到高校英语教学中，一旦出现任务过高或高低的现象，教师要针对存在的现象采取具体的对策。

在任务实施过程中，学生为了更好地完成任务，可以采取多种方式，如小组形式、辩论形式、自由组合形式等。在高校英语任务型教学模式中，小组活动的形式比较受欢迎。在进行小组活动设计中，要明确小组任务与个人任务并不是孤立存在的，而是相互促进的，同时要明确师生之间的关系与角色转变。在小组活动开展过程中，教师要及时进行指导，从而促进教学目标的实现。除此之外，教师可以与学生积极互动，主动融入小组活动中，与学生共同参与任务、共同学习、共同讨论，从而形成平等、和谐的师生关系。同时，教师还可以及时了解学生完成任务和对知识的掌握情况，并以此为依据，及时调整教学方式，从而促进任务的高效完成。

3. 任务后阶段

经过任务前、中阶段，就进入任务后阶段，这一阶段的实施主要包括对任务的汇报和评价。经过任务的实施后，小组内可以选取代表在课堂上发言，总结和汇报本组内任务完成的具体情况。在这一过程中，教师主要扮演着指导者的角色，教师应该对每个小组任务完成的情况进行评价。不仅要指出小组完成任务的长处，还要指出小组完成任务的不足，从而使小组明确自己的优点和不足。与此同时，教师应该给予优秀小组一定的奖励。另外，在任务评价过程中，教师不仅要科学、公平地评价每个小组，还要鼓励学生与学生之间进行评价，这样有利于学生正确认识自己，客观评价他人。

二、现代信息技术下的英语课程建设

（一）现代信息技术下的英语智慧课堂教学

信息技术的迅速发展带动着教育教学的信息化改革，作为技术含量较高的新兴教育形式，智慧教育能够满足学习者和教学者多种需求。

1. 现代信息技术下英语智慧课堂教学的作用

（1）英语教学资源共享。英语智慧课堂将现代教学技术引入英语课堂之中，促进了师生之间的互动交流，并且优质的英语教学资源可以通过网络远程输送到各个地方，促进教学资源的共享。空间上，通过多媒体教学技术，学生可以坐在教室中看到其他学校的教学场景，换言之，英语教学可以以异地同步的教学形式进行，英语的学习不再受到空间的局限，不管是优秀的教师还是优质的教学资源都可以共享。时间上，教师与学生的互动交流可以摆脱课堂时间的限制，即使在课下，学生也可以向教师提出自己的问题，与其他同学在线上进行讨论，学生的思维也不再局限于某个课堂，其英语学习思维会得到拓展。

（2）帮助教师更好教学。智慧课堂可以根据英语教学大纲以及本节课的教学内容，智能化地为教师推荐教学课件，推送相关的音频、视频教学资源，还会筛选出课程内容的重点和难点，推送具体的应用案例等，这为英语教师备课带来了极大的便利。英语教师可以借助这些优质的智能化课件，高效、快速地完成备课任务，其教学负担被减轻了。

智慧课堂则以智能化技术与海量的资源库，代替了教师的出卷、改卷工作，并且还能在批卷之后自动生成分析报告，明确学生在学习中的问题，为教师提供了精准的、科学的数据，便于教师有针对性地修改教学策略。显然，智慧课堂帮助教师节省了大量的重复劳动的时间，使英语教师的工作负担有所减轻。

（3）提高英语课堂效率。基于信息技术与大数据技术形成的英语智慧课堂能够极大地提升英语课堂教学效率，辅助英语教师设计出合理的、个性化的教学方案。英语智慧课堂有着非常丰富的教学知识储备，支持多样化的教学形式，能够借助现代信息技术实时分析学情，跟踪记录学生的学习过程，并且可以随时回顾相关的教学内容。具体而言，英语智慧课堂对英语教学效率的提高主要体现在两个方面：一是教学密度高，二是教学节奏快。教学密度高是因为英语智慧课堂涉及的知识范围非常广，教学内容多，练习量较大；教学节奏快是因为在现代教育技术的辅助下，英语课堂教学的节奏加快了，不过依然遵循着一定的秩序。

在信息时代的背景下，英语教学资源的内涵也有所扩展。如今，除了基础的英语教材之外，其他相关的辅导书籍、音频、视频以及网络上的课程资源都属于英语教学资源。只要英语教师仔细筛选，加以利用，就能为英语课堂增添各种有趣的、新鲜的内容。英语教学必须与时俱进，关注网络教学资源，加强信息技术与英语课程的整合，最大限度地提升英语课堂教学效率。

（4）更好实现因材施教。现代教育技术的发展使得教师可以借助计算机技术与网络技术，为学生创建一个良好的自主学习环境。在这里，学生可以根据自己的学习能力与学习兴趣，灵活地采用各种学习方式与学习途径开展英语学习。对于学习能力较弱的学生而言，他们可以选择难度较低的课程，循序渐进地展开学习；而对于学习能力较强的学生而言，他们则可以选择较高难度的课程，挑战自己，激发自己的无限潜能，智慧课堂使因材施教地实现成为可能。

（5）培养教师互联网思维。互联网思维是指在网络信息时代下产生的一种全新的思维方式，它具有诸多优势与特点，具体包括跨界融合、平台开放、关注用户、强调体验、应用大数据技术等。教师制作教学视频的任务重、压力大，不能仅依靠教材进行视频制作，而是要充分利用互联网中的优质资源。教师可以在网上寻找一些符合自己需求的、合适的、优质的课程视频，直接下载使用，这能够有效减轻教师的工作压力。另外，高校英语教师之间也要进行微课视频共享。

现代英语智慧课堂依靠的是大量的、充足的客观数据。借助大数据技术对学生学情、教学效果展开分析，极大地推动了高校英语教学改革的进程。具体而言，大数据技术与人工智能技术可以使教学分析结果可视化，教师可以通过清晰的图表了解教学效果，反思教学策略，进而有针对性地予以调整。同时，教师还可以借助新兴技术分析掌握学生的个性特点、学习偏好，从而帮助学生找到最适合自己的学习方式，为学生制订个性化的学习计划，真正地实现差异化、个性化教学。由此可见，现代信息技术与高校英语的深度融合有助于学生的个性化发展。

总而言之，一个"互联网+教育"的时代已经到来，英语智慧教学的研究探索还是一个崭新的课题，无论是理论研究还是实际应用都处于起步阶段。积极探索信息技术和英语课堂教学深度融合的途径和方法，是英语教育者共同的理想。

2. 现代信息技术下英语智慧课堂教学的应用

（1）智慧课堂在英语听说教学中的应用。下面以英语听说智慧课堂教学的可连续对话型设计为例进行阐述。

第一，明确学习目标。在可延续对话型任务设计中，教师应该将学习目标置于首位。同时，教师要注意学习目标完成的顺序。具体而言，可延续对话型任务强调的是任务的可延续性，主要是指围绕某一问题组织的一系列可持续的学习活动。在每个阶段的对话中，任务都是明确的，同时也是可视化的。在完成每个阶段任务对话后，也可以测量自己完成的任务和目标的情况。同时，教师不受教材的限制来安排对话，而是根据句法的难易程度以及对话的准确、熟练来进行安排，保证对话的逻辑性、层次性、梯度性等，这样有利于为学生提供可延续对话型系列活动。

此外，教师要鼓励学生参与可延续对话系列活动，积极主动地学习，从而在完成每个阶段对话目标的基础上实现整节课的学习目标，这种可延续对话型任务设计也适用于高校英语听说智慧课堂教学。在任务的设计中也要注重学习目标的制定，并通过英语听力每个阶段对话子目标的完成来实现英语听说课程目标。

第二，学生分析。学生分析也是可延续对话型设计应该考虑的因素。通常情况下，教师会通过学生的学习需要与学习特征来进行学习者分析。智慧课堂与传统课堂不同，它注重学生的自主学习和个性发展，同时确立了学生的主体地位，课堂教学主要以学生为中心。要想实现智慧课堂的教学目标，必须综合分析学习者，如学生的实际听力水平、学习习惯、学习心理、学习素养等都是分析的范畴。

高校英语听、说智慧课堂教学坚持以学生为中心的理念，将学生的学习特征与学习需求融入具体的听、说教学任务设计中。与此同时，教师还围绕听说教学目标、教学内容、学生的学习特征和需求创设真实的英语听、说情境，这在很大程度上促进了学生智慧的生成，调动了学生学习英语听力和口语的积极性，提高了学生的语言表达能力和应用能力。

第三，确定主题。确定主题也是可延续对话型任务设计的重点。教师根据学习目标以及学生的实际学习情况，结合教材内容，选取与学生学习、生活联系比较密切的主题，并遵循循序渐进、由易到难的顺序进行主题的确定。而学生可以根据自己的学习情况、兴趣爱好等来合理选择主题和对话伙伴。需要指出的是，智慧课堂不同于传统课堂，学生的对话伙伴在传统的同学伙伴的基础上，还增加了一些移动终端，这些移动终端是可以进行人机对话的。在选择对话主题和对话伙伴后，每个小组就可以进行对话练习了。需要指出的是，每个对话小组在对话主题、对话内容上是不一样的。因此，每个小组的对话方式、学习方法也都存在着一定的差异。而学习平台会将每个小组的学习情况以及差异记录下来。教师要想对每个小组进行合理评价，就可以以学习平台的记录为依据。

具体到高校英语听说智慧课堂教学中，教师在设计任务时也应该注重主题的选择与确定。与此同时，教师在选择主题时应该根据学生的听说水平、英语学习兴趣、社会生活经历等，从而使主题能够满足学生的需要，激发学生学习的兴趣。另外，教师还要注意对话内容的顺序，应该遵循循序渐进的原则，在任务和活动的促进下，学生的英语听说能力也会有很大的提升。

第四，选择交互形式。每个小组有着不同的对话主题。基于此，每个小组可以根据自己的对话主题来选择合适的交互形式。比较常见的交互形式有学生与学生之间的互动形式、学生与具有人机对话功能的移动终端的互动形式、学生与教师的互动形式。

具体到高校英语听说智慧课堂教学，教师也要引导学生科学选择交互形式。智慧课堂教学有着网络平台的支持。因此，教师可以引导学生在学生与学生互动的基础上，将学生与移动终端的互动融入其中，这样智慧课堂的网络学习平台上的资源能够有利于丰富小组对话的内容。总而言之，生生交互形式与人机交互形式的有机结合，有利于互动形式的多样性，也有利于小组对话的可延续性。

需要指出的是，无论选择哪种交互形式，都必须有利于对话的开展。只有适合自己的才是最好的。教师应该使学生意识到网络学习平台在小组对话中的重要性，并通过网络学习平台进行对话和互动。另外，教师还应该引导学生注重交互形式的多样性，在一种交互形式的基础上还可以根据实际情况选择其他的交互形式，从而弥补一种交互形式的不足。教师还应该充分发挥自己的指导作用。具体而言，教师要对生生互动、人机互动、师生互动等互动形式进行讲解和示范，使学生明确这些互动形式的策略、重点与注意事项等，从而最大限度上提高学生的学习效率和效果。

第五，学习支持服务设计。在高校英语听说智慧课堂中，教师在设计英语听说教学任务时，充分利用网络技术，将智慧课堂融入具体的听说教学设计中，实现了网络技术与智慧课堂教学的整合。教师利用多种信息技术工具，融入多种信息技术资源，真正实现了线上线下资源的整合。与此同时，教师还注重学习支持服务设计，这些都为英语听说教学提供了真实的语言环境。

可延续对话型任务设计要求智能学习系统具有多种功能，如人机对话功能、线上讨论功能、反复播放对话视频功能等。智能学习系统的这些功能，为小组对话提供了丰富的资源，也为小组对话活动的顺利开展提供了技术保障。

第六，效果评价。效果评价在可延续对话型任务中也起着不可替代的作用。教师要引导学生通过恰当的方式来展现自己的学习成果，并为学生提供学习效果评价的标准。同时，教师还应该鼓励学生之间的评价，并提供相应的评价标准。教师在进行可延续对话型任务设计时就应该提出相应的任务标准，使学生明确英语听说学习成果的评价标准。同时，教师也要采用科学合理的评价方法对学生英语听说学习的效果进行评价。

（2）智慧课堂在词汇教学中的运用。智慧课堂在高校英语词汇教学中的应用是复杂的。

第一，课前准备。课前准备是基于智慧课堂的高校英语词汇教学课堂设计的基础。课前准备不仅包括学生预习英语单词的测评，还包括相应的英语词汇教学设计。课前准备能够为英语词汇智慧课堂教学设计奠定基础，其旨在借助信息化平台对学生预习英语单词的情况进行检测，并根据预习测评结果，对英语词汇智慧课堂教学方案进行设计。在词汇教学设计过程中，要注意设计的逻辑性、针对性、个性化。

第二，课堂互动。课堂互动也是英语词汇智慧课堂教学设计中不可缺少的环节。课堂互动强调学生在课堂上的交流与互动，它是在学生预习的基础上进行的。通常情况下，课堂互动除了包括协作学习、课堂检验外，还包括总结提升的部分。课堂互动的设计和实施，有利于改革传统的教学模式，创新词汇教学的方法，形成平等、互动的师生关系，最终有利于提高英语词汇教学的效率，实现英语词汇教学的目标。

第三，课后反馈。课后反馈是英语词汇智慧课堂教学设计的最后阶段，也是词汇设计不可缺少的环节。课后反馈能够对学生课堂上的表现和学习情况进行反映。教师可以根据学生的实际学习情况设计下一节课的教学内容和目标。通常情况下，课后反馈除了包括线上辅导、资料补充外，还包括复习巩固等环节。此外，还需要指出的是，教师可以根据课后反馈的结果，对词汇教学进行资料补充，从而使学生能够真正理解和掌握英语词汇，并将其灵活应用到英语技能教学中。

（二）现代信息技术下的英语慕课教学

慕课教学是信息时代出现的一种新的教学方式，慕课是一种在线课程，它具有大规模、开放性的特点。慕课的大规模一般体现在三个方面：①从课程内容上而言，其非常多且杂；②从服务对象上而言，接受服务的学习者数量非常多；③从影响力上而言，世界上任何一个角落里的人都可以学习该课程。

慕课的开放性主要包括：①学习空间开放，不仅在校学生可以利用慕课课程学习，社会人员也可以利用慕课课程学习；②学习资源开放，所有人都可以自行下载课程资源，且课程是免费的。课程的内涵十分丰富，不仅包括各种主题提纲、教师讲授内容视频，而且还包括学习资料、学习注意事项等。总而言之，慕课就是一种十分开放、规模较大的网络课程，将慕课与英语教学相结合，能更好地推动英语教学的发展。

1. 现代信息技术下的英语慕课教学的作用

（1）创造英语语言使用环境。由于没有英语环境，因此学生在学习英语的时候经常面对理论知识无法实践应用的情况，这就对学生学习英语产生了一定的不利影响。慕课的出现就解决了这种问题，慕课可以为学生创设良好的语言环境，使学生接触地道的英语，并且慕课还搭建了国际交流的平台，学生可以在慕课平台中与世界各地的英语母语者进行交流，从而提高学生的英语表达能力。

（2）完善英语教学的模式。高校英语教学中应用慕课主要是为了改革英语教学的模式。慕课作为一种现代信息技术支撑下的新型教学模式，可以对高校英语教学模式进行创新，对高校英语教学内容进行创新，教学内容以视频的方式呈现。在慕课视频内容中，学生必须集中注意力，然后在结束视频之后进行自我测试，通过了慕课的测试才能进行下一个阶段的学习。例如，在高校英语的精读课程视频中，教师先对教学的重难点进行梳理，从而使学生在视频开头就能明白学习要点，在精读视频课程学习之后，学生需要通过一些问题的测试之后才能开始下一个精读视频的学习。教师主要将课文材料，制作成视频以供学生观看。

（3）提供专业能力培养平台。慕课资源是教师开展慕课教学的基础，它可以将线下和线上的资源进行整合，从而发挥出更大的作用。随着科技的发展，慕课教学平台的建设也逐渐完善起来。在慕课平台上，有很多与专业有关的英语知识，学生可以结合自己的专业学习相关英语。因此，慕课为英语专业能力的培养提供了平台。

（4）增强英语学习的乐趣。慕课可以运用声音、图像等将英语知识呈现出来，这让学生可以了解到更加直观的知识，从而有利于其学习。以往学生无法自主选择学习的知识，教师是知识的传授者，学生是知识的接收者，教师主导学生的学习进度，而慕课则给予学生较大的自主权，在慕课模式下，学生的潜能被激发了，思维更加活跃，学习英语也成为一种发自内心的自觉行为。而当英语学习是出自学生的兴趣时，其才能真正投入英语学习，享受学习，并最终获得扎实的知识与较高的技能。

（5）拓展学生英语知识储备。课堂学习的方式是帮助学生学习英语的主要方式，在高校英语课程中，英语课程的课上时间比较少，而英语课堂学习的时间是有限的。因此，学生学习英语能够利用的课堂时间是有限的。但是，慕课的出现就解决了这种问题，慕课在教学中主要使用网络平台，这种教学模式可以使学生随时随地学习，极大地拓宽了学生学习英语的范围，对丰富学生的英语知识十分有利。

2. 现代信息技术下的英语慕课教学应用

（1）英语慕课听说教学的具体应用

第一，构建专业精湛、技术过硬的教师团队。将慕课应用于高校的英语听说教学中是一种创新，这种混合式的教学模式能够为英语听说教学带来全新的活力，混合式的教学模式也为高校教师提出了更高的要求，即高校必须构建一支具有较强专业能力和信息技术能力的教师团队来开发和维护慕课平台的运行和安全等，从而保障英语慕课的顺利开展。此外，这支教学团队一定要更新教学的理念，在教学中始终做到以学生为中心，从而从根本上提升学生的英语听力水平和口语水平。

第二，打造优秀的慕课平台，丰富线上教学元素。慕课的制作以及运用都离不开网络这个平台，因而对于高校而言，高校需要不断更新和维护自己学校的网络平台，在固定的时间对学校的网络平台进行维护，从而使网络的运行更加顺畅，也能够使学生获得比较好的英语慕课体验，这能够吸引学生的目光，提高学生的英语学习乐趣。此外，各个高校还应该大力提升学校的信息技术，最好使校园的每个角落都覆盖上无线网，以便于学生利用碎片化的时间学习英语知识。

在高校英语教学中，英语教师需要录制一定的英语听说慕课视频，通常这些慕课的录制时间都比较短，一般在 10 分钟之内，因而这就要求教师一定要保证慕课视频的质量。从英语听力的内容角度进行分析，教师可以选择高校英语听力的技巧以及大学英语四级、六级考试的听力技巧等内容，教师还需要在慕课视频中设定相应的练习题目供学生参考使用；从英语口语的内容角度进行分析，教师可以选择高校的语音知识、英语文化、中西文化差异以及口语的常用句型等内容，同时教师也要设定相应的练习题目供学生参考使用。除此之外，教师还需在网络上注册互动论坛，方便和学生的沟通与交流，提升学生的自主学习信心。学生可在论坛上提出任何与听说学习相关的问题，并由教师进行解答，其他学生也可跟帖交流；还可在论坛上传学习成果或心得，共同分享、相互切磋、携手进步。

第三，推动传统课堂改革、完善线下教学。对于听说习得而言，进行面对面的语言输出、交流与反馈是至关重要的。所以，虽然慕课具有非常多的优势，但是这种教学模式也只能作为听说课堂的一种重要补充，是无法替代英语听说教学中的课堂教学的。混合式教学模式使各种关于听说的理论知识实现了网络在线讲解，学生就能够在课下利用碎片化的时间自主地掌握理论知识，从而突破传统课堂在时间与空间方面的限制，实现教学目标由理解、记忆知识向应用理论与提升技能转变。基于这一点，高校应当积极对传统的听说课堂教学进行变革，将混合式教学模式有机地融入听说教学之中，实现传统课堂与在线网络教学的有机融合，不断满足学生的多元化需求，进而促进英语教学水平的提升。

在课前的慕课学习中，学生可能会或多或少地遇到一些问题。在线下课堂中，教师可以针对学生所遇到的问题进行深入的分析，帮助学生解决问题。需要注意的是，在教学内容方面，应当将重点放在知识的运用以及听说技能的训练上。在听力方面，针对线上学习中存在的比较普遍的问题进行集中练习，有效缩短听力练习的时间；在口语方面，注意多种方法的灵活采用，如对话、演讲、展示等。在对课堂任务进行设计时，要最大限度地对现实的生活情境进行模拟，并积极引导学生根据要求进行有针对性的训练。不仅能够营造良好的学习氛围，而且能够有效地激发学生的自主性与积极性，促进学生英语能力的提升。

第四，重建课程评价考核机制。在英语教学中，评价考核是非常重要的一环。通过评价考核，教师能够对学生的知识掌握情况形成系统的了解，学生也能够发现自身存在的不足。在混合式教学模式下，学生的学习、互动与考试有机地融合为一体，使评价考核的形式更加多样化，能够全面地展现学生的学习情况。因此，教师应当对英语听说教学的课程评价考核机制进行重建，将学生的课堂表现、作业情况、期末成绩与线上学习的各种表现结合起来进行评价，与此同时，还要将教师评价同学生互评及学生自评相结合，从而得出最终评价考核结果，这种评价考核形式具有非常明显的优势，主要体现在重视评价对象的素质发展、强调评价主体的多元化、尊重学生的个体差异。总而言之，这种评价考核方式不仅使教师的主导作用得到了有效的发挥，而且充分发挥了学生的主体作用，有助于激发学生的积极性与主动性，促进学生听说技能的提升。

（2）慕课在写作教学中的具体应用

第一，以慕课教学平台为切入点。学生在开展英语写作之前，需要做好诸多准备工作。当教师在慕课平台上发布了具体的写作话题之后，学生应当分组讨论，与组员交流，积极发表自己的见解，并且主动搜集相关的写作资料，为下一步的写作做准备。除此以外，在写作时，学生应注意良好的写作习惯的培养，在写作构思上应当多加重视，将自己的观点用英语正确地表达出来，避免出现文不对题、思维混乱、逻辑不通等问题，尤其要注意避免语法错误的出现。与此同时，应当注意英语思维与汉语思维的差异，遵循英语语言的表达习惯与行文特点，确保文章结构正确，表达流畅。总而言之，在慕课平台上开展英语写作教学，教师需要做的就是引导学生寻找写作的切入点，及时对学生进行引导并纠正学生存在的不足，帮助学生不断提升英语写作水平。

第二，慕课学习环境的构建。学生在根据写作主题完成写作之后，可以将作文上传到慕课平台上，教师则及时在平台中检查学生的写作情况。由于学生在英语水平与思维方式上存在不同程度的差异，因此学生的作文所体现出的差异也非常显著。教师应当及时发现学生写作中存在的各种问题，并及时进行指导，引导学生不断对作文进行修改完善，促进学生写作水平的提升。与此同时，教师还可以选择一些优秀的作文作为展示范例，供学生参考与借鉴，使学生积极学习他人的优点，并及时发现自己的不足，进而取长补短，不断完善自己。

第三，慕课平台下英语写作模式的实施。在慕课平台下开展英语写作需要注意两个方面的内容：①教师要积极主动地为学生提供相关的写作素材与丰富的写作资料。慕课作为一种崭新的教学形式，具有高度的系统性，教师应当充分发挥慕课平台的优势，在充分把握学生的英语水平的基础上，为学生提供丰富的学习资源，也可以在慕课平台上为学生设置一些相关资料的链接，使学生在需要时可以快速、准确地获取。此外，教师还要引导学生对自己的英语作文进行及时存档，使学生在不断地写作学习中发现自己的不足，并积极借鉴别人的长处，促进自己写作水平的提升。②慕课教学对学生的个性化学习非常重视。因此，为了使学生的个性化学习取得更好的效果，教师应当重视慕课平台上各种资料的整合，使各种资源得到优化配置，从而激发学生学习英语写作的兴趣。英语写作本身重视对学生的英语综合能力的考查。因此，教师在运用慕课平台时应当注重为学生提供更加多元化的资料，重视学生英语综合能力的培养，这一点对于学生写作能力的提升也是至关重要的。

参考文献

［1］边立红，黄曙光．大学科技英语翻译教程［M］．北京：对外经济贸易大学出版社，2016．

［2］曹文娟，张婷．英语翻译教程［M］．长春：吉林人民出版社，2019．

［3］古丹．浅析英语翻译技巧与方法在实践中的应用［J］．福建茶叶，2020，42（3）：303．

［4］顾晓琳．大学英语教学中多元化评价体系的构建研究［J］．教育与职业，2014（9）：172-173．

［5］顾渝．商务英语翻译［M］．2版．北京：对外经济贸易大学出版社，2018．

［6］郭坤，田成泉．高校英语生态教学环境的优化［J］．教育理论与实践，2016，36（24）：56．

［7］郝晶晶．商务英语教学理论与改革实践研究［M］．成都：电子科技大学出版社，2017．

［8］何靖．浅谈种子学科英语翻译的策略［J］．种子，2021，40（9）：144-148．

［9］何少庆．英语教学策略理论与实践运用［M］．杭州：浙江大学出版社，2010．

［10］姜伟杰．商务英语教学理论研究［M］．长春：吉林大学出版社，2016．

［11］金朋荪．大学英语翻译理论与实践［M］．武汉：华中科技大学出版社，2009．

［12］靳静波．跨文化交际视野下大学英语教学改革路径探究［J］．黑龙江工程学院学报，2020，34（6）：68．

［13］李红霞．大学英语教学研究［M］．天津：天津科学技术出版社，2017．

［14］吕文丽，庞志芬，赵欣敏．信息化时代下的大学英语教学改革探索［M］．长春：吉林大学出版社，2018．

［15］欧阳智英．转译法在英汉翻译中的运用［J］．文教资料，2017（20）：14．

［16］魏丽珍，张兴国．高校英语教学的生态特性及教学定位探究［J］．环境工程，2022，40（2）：2．

［17］吴丹．跨文化意识下的旅游英语翻译教学［J］．海外英语，2014（10）：168.

［18］徐代．跨文化翻译中的异化与归化分析［J］．海外英语，2018，（23）：163-164.

［19］徐玉书．新时期高校英语混合式教学模式构建与管理：评《课堂教学与管理艺术》［J］．科技管理研究，2021，41（1）：216.

［20］杨丹．翻译美学理论视角下的散文英译［J］．散文百家（理论），2022（3）：89.

［21］杨柳，王涵．论现代文化的象征性［J］．青春岁月，2015（12）：542.

［22］余静娴．大学英语通用翻译教程［M］．北京：对外经济贸易大学出版社，2014.

［23］臧庆．信息时代多元文化交融对高校英语教学的影响研究［J］．食品研究与开发，2021，42（24）：242.

［24］张红玲，朱晔，孙桂芳．网络外语教学理论与设计［M］．上海：上海外语教育出版社，2010.

［25］张云霞．小说翻译的两大基本技巧［J］．开封文化艺术职业学院学报，2020，40（6）：43.

［26］赵红军．英语翻译基础［M］．沈阳：东北大学出版社，2014.

［27］赵艳．跨文化交际与英语思维教学研究［M］．长春：吉林大学出版社，2017.

［28］赵阳．浅析旅游英语翻译教学中的文化差异处理［J］．职业教育研究，2008（5）：85.

［29］周婷．大学英语翻译技巧与实践教程［M］．武汉：华中科技大学出版社，2017.

［30］方燕芳．英语思维与英语教学［M］．成都：电子科技大学出版社，2017.

［31］王广秀．浅谈大学英语翻译教学策略［J］．海外英语（上），2021（10）：212.

［32］冯良亮．论翻译教学与大学英语综合应用能力培养的关系：基于语篇翻译的视角［J］．校园英语（中旬），2016（5）：74.

［33］石雏凤．浅谈大学英语翻译教学之文化篇［J］．大观周刊，2013（14）：119.